Introducción

Destinatarios:

„Testaufgaben" se ofrecen en primer lugar a aquellas personas o grupos que trabajan con el manual y libro de ejercicios ¡ESO SÍ! I.
Puede ser igualmente utilizado en cualquier momento del aprendizaje por cuantas personas deseen evaluar el nivel de sus conocimientos, ya que el libro incluye las soluciones de todas las pruebas.

Objetivos:

La utilidad de „Testaufgaben" *para el alumno* (tanto si aprende solo o en grupo) será doble. Le servirá para
a) Consolidar los conocimientos adquiridos;
b) Corregir los errores acumulados, haciéndose consciente de los mismos.
La realización de los ejercicios ofrecerá al alumno una especie de inventario de lo aprendido y le ayudará a buscar estrategias que le ayuden a eliminar errores. El alumno adquirirá también una cierta autonomía para autoevaluarse, factor importante en todo proceso de aprendizaje.

Pensamos que el éxito de la comunicación, ya sea oral o escrita, depende en gran medida del uso correcto del material lingüístico del que el alumno dispone. La reflexión sobre el uso de dicho material puede ser en ciertos casos un medio adecuado para adquirir conciencia de dichos fenómenos lingüísticos.
Usar el lenguaje como instrumento de comunicación sin reflexionar en determinados momentos sobre el uso del mismo puede demorar a veces el progreso en el aprendizaje de una lengua extranjera y entorpecer innecesariamente el éxito de la comunicación.

La utilidad de „Testaufgaben" *para el profesor* es asimismo doble:
a) la observación de los errores le ilustrará sobre los avances y sobre las dificultades del alumno;
b) el análisis de los errores le servirá para medir los resultados de su enseñanza y efectuar, si es necesario, las oportunas revisiones metodológicas.

Algunas pruebas ofrecen al profesor la oportunidad de trabajar de forma *sistemática* sobre determinados contenidos gramaticales aparecidos hasta el momento, ya que dichos contenidos (morfosintácticos, por ejemplo) aparecen en cada lección en función y según la necesidad de una unidad temático-funcional concreta. Y no como un objetivo en sí mismo.

Si en la comunicación oral se considera fundamentalmente como error aquello que interrumpe la comunicación, la deforma o distorsiona, en las pruebas escritas los errores se prestan más a ser considerados como desviaciones de ciertas «normas». La forma escrita de los tests favorece, pues, el análisis de los errores, la reflexión sobre los mismos y el acceso al aspecto normativo de la gramática.

Estructura:

¡Eso sí! I abarca 40 lecciones. „Testaufgaben" se estructura en 8 «Unidades de Control». Una Unidad comprende 10 pruebas. Una prueba, diez preguntas.

Cada «Unidad de Control» se limita a evaluar los conocimientos adquiridos a lo largo de cinco lecciones (incluyendo el material del Libro de Ejercicios). Esto permite el trabajo periódico y no demasiado espaciado con las pruebas, pudiéndose así controlar eficazmente el avance del alumno, detectar lo antes posible mecanismos de aprendizaje, evitar la «fosilización» de determinados errores ...

Se ha intentado evitar la aparición de nuevas estructuras o vocablos. Si ello tiene lugar, es siempre en virtud del enfoque funcional de algunas pruebas. En estos casos el contexto – en toda su amplitud – hace posible la comprensión de los elementos desconocidos y la evidencia de lo codificado.

Criterios:

Las pruebas pretenden medir la competencia del alumno en lo que se refiere a
1. *La función informativa de la lengua,* esto es, el nivel de comprensión lectora y expresión escrita por una parte, y el nivel de comprensión auditiva (comprensión del mensaje oral recibido) y expresión oral (elección de respuesta adecuada).
2. Las pruebas pretenden medir también la *competencia gramatical* del alumno. En este caso se subordina el criterio comunicativo al normativo, a fin de poder evaluar los conocimientos lexicales, sintácticos, semánticos y, en su momento, estilísticos. Subordinar, no eliminar, puesto que no se renuncia totalmente a la función comunicativa de la lengua. Muchas de las pruebas pretenden por ello controlar el conocimiento de determinadas estructuras gramaticales teniendo por base una pequeña «historia» donde las frases aparecen en contextos naturales.

Formalmente se han utilizado diferentes modos de probar las destrezas adquiridas. Se incluyen así ejercicios de selección múltiple, textos para rellenar huecos, ejercicios de equivalencia léxica, de coordinación, de selección («sí» – correcto – o «no» – falso) ...

Cada prueba pretende establecer claramente lo que se pretende medir y evaluar objetivamente los resultados. Se da preferencia a contextos amplios, donde en cada caso sólo es posible una respuesta. (La inserción de posibilidades sobrantes pretende evitar una respuesta correcta por eliminación).

Los dibujos son considerados como soportes de información extralingüística.

Finalmente, „Testaufgaben“ pueden constituir un instrumento muy valioso para la preparación del «Certificado de Español» de la Universidad Popular (comprensión de textos escritos, expresión escrita, comprensión auditiva, estructuras gramaticales y vocabulario).

Tests facultativos:

Para controlar a nivel individual la capacidad de expresión oral del alumno en situaciones comunicativas habituales, el profesor puede valerse del contenido anecdótico de determinadas pruebas.

Al final de cada unidad de control, y *con carácter facultavivo,* le sugerimos además algunas posibilidades para realizar pruebas de este tipo.

Para controlar a nivel individual la capacidad de expresión escrita del alumno (redacción de una carta) se sugieren asimismo algunos puntos de referencia que ayuden al alumno a redactar dicha carta.

Evaluación:

La *evaluación* de estas pruebas individuales corre a cargo del propio profesor. En caso necesario le recomendamos consulte los criterios de valoración que se aplican en los exámenes para el Certificado de Español del „Deutscher Volkshochschul-Verband“.

¡Eso sí! I **_Testaufgaben_**

Aufgabe 1

Sie haben das halbfett gedruckte Wort nicht verstanden.
Sie fragen zurück. Wählen Sie das passende Fragewort.

1 Me llamo **Regina Pérez** y soy de Sevilla.

¿ como ______________ te llamas?
a) quién b) qué c) cómo

2 **Cristina** habla muy bien inglés.

¿ ______________ habla muy bien inglés?
a) qué b) quién c) cómo

3 Juan es **vendedor de coches**.

¿ ______________ es Juan?
a) cómo b) qué c) cuántos

4 Doña Rosa compra un plano de Madrid **en el quiosco**.

¿ ______________ compra un plano?
a) dónde b) quién c) qué

5 Hans cambia **diez** marcos en el Banco de Bilbao.

¿ ______________ marcos cambia?
a) dónde b) qué c) cuántos

6 Muchos de los vinos que se compran en Suiza son **españoles**.

¿ ______________ son?
a) cuántos b) dónde c) de dónde

7 En el aeropuerto hay sólo **una** consigna.

¿ ______________ hay?
a) dónde b) cuántas c) qué

8 **El señor Mendoza** llega el viernes de Andalucía.

¿ ______________ llega el viernes?
a) cuántos b) quién c) de dónde

9 **En Salamanca** hay una universidad muy famosa.

¿ En ______________ ciudad?
a) dónde b) qué c) cómo

10 Doña Pilar está hoy **regular**.

¿ ______________ está?
a) quién b) dónde c) cómo

Aufgabe 2 Leseverstehen

Setzen Sie die fehlenden Wörter in die Lücke ein.
Zwei bleiben übrig.

también	más	ahí	muy	solamente
además de		a veces		después de
menos	mucho	como		bien

La señora Blaser y su hija Ute pasan la aduana en el aeropuerto de Barajas. Ute lleva en el bolso casetes y revistas alemanas.

Empleado: ¿Llevas algo ______________ [1] en el bolso?

Ute: No, ______________ [2] el pasaporte y unos libros.

Empleado: Bueno, no es ______________ [3].
Y usted, señora, ¿qué lleva ______________ [4] en la maleta?

Sra. Blaser: ¿En la negra?

Empleado: Sí, en la negra.

Sra. Blaser: Yo ______________ [5] llevo libros, pero ______________ [6].

Empleado: ¿Y ______________ [7] los libros?

Sra. Blaser: Ropa, objetos personales ...

Empleado: A ver ... Bueno, está ______________ [8].
Pasen.

Ute y su madre están ______________ [9] nerviosas.
Es la primera vez que viajan en avión.

______________ [10] pasar la aduana cambian dinero y toman un taxi.

Aufgabe 3

Welcher Satz ist richtig, a) oder b)? Oder sind beide richtig? Kreuzen Sie diejenigen an, die richtig sind.

richtig

1 a) Me llamo Carmen y trabajo en un banco. ☐
b) Yo llamo Carmen y en un banco trabajo. ☐

2 a) ¿Cómo usted se llama? ☐
b) ¿Cómo se llama usted? ☐

3 a) ¿Necesitas la maleta roja? ☐
b) ¿Necesitas la roja maleta? ☐

4 a) Señora, por favor, ¿qué lleva en su bolso? ☐
b) Señora, por favor, ¿que lleva usted en su bolso? ☐

5 a) España importa alemanes coches. ☐
b) España importa coches alemanes. ☐

6 a) Los lunes estoy no en la fábrica. ☐
b) Los lunes no estoy en la fábrica. ☐

7 a) En España no sólo hay industria en el norte. ☐
b) En España no hay sólo industria en el norte. ☐

8 a) En el centro del país hay menos turismo. ☐
b) En el centro del país hay turismo menos. ☐

9 a) Herr Müller castellano habla como un español. ☐
b) Herr Müller habla castellano como un español. ☐

10 a) ¿Dónde está el libro de ejercicios? ☐
b) El libro de ejercicios está ... ¿ dónde? ☐

Aufgabe 4

Setzen Sie die fehlenden Wörter in die Lücken ein.

1

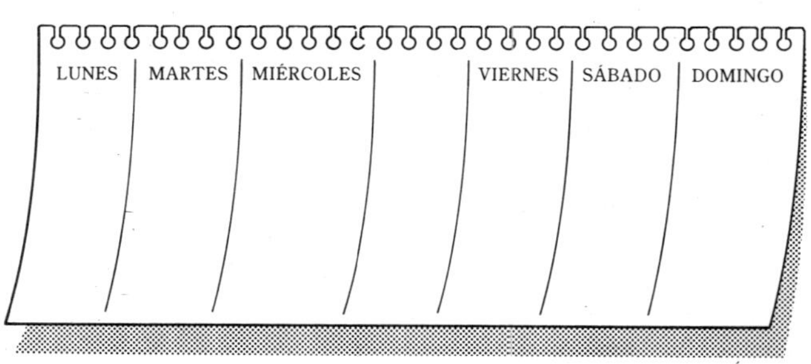

2 Estas son las Islas ______________________.

3 Esto es una ______________________ de 25 ptas.

4 «El País» es un ______________________ español.

5 «Stern» es una ______________________ alemana.

6 – ¿Qué es esto, una silla?
○ No, esto es un ______________________.

7 Uno, dos, tres, cuatro, ______________________.

8 Berlín es la captial de ______________________.

9 Valencia está en el ______________________ (E).

10 Galicia está en el ______________________ (O).

Aufgabe 5

¿ SER? ¿ ESTAR? ¿ HAY?

Setzen Sie die passenden Formen ein.

1 – Buenos días, doña Pilar, ¿cómo ______ usted ?
○ Bien, ¿y tú?

2 – «Noite» ______ una palabra catalana, ¿verdad?
○ No, catalana no, gallega.

3 – ¿Dónde ______ el Camino de Santiago?
○ En el norte de España.

4 – ¿ ______ usted vasca o catalana?
○ Vasca, de Bilbao.

5 – ¿ ______ mucho turismo en la Costa Brava?
○ Sí, mucho.

6 – ¿Cómo se llama usted?
○ Anita Gómez, pero ______ alemana.

7 – ¿Guayaquil y Quito ______ en Colombia?
○ No, en Ecuador.

8 – En Colombia ______ un escritor muy famoso que se llama ...
○ Sí, Gabriel García Márquez, Premio Nobel.

9 – ¿ ______ ustedes valencianos?
○ Sí, de Alicante.

10 – Los Picos de Europa ______ cerca de Madrid, ¿verdad?
○ No, cerca de Santander.

Aufgabe 6

¿el, la, los, las?

¿un, uno, una, unos, unas?

Setzen Sie, wenn nötig, die passenden Artikel ein.

1 – Por favor, ¿ ______ avión de las 12 para Barcelona?
○ Puerta número 7.

2 – ______ señor Martínez, ¿necesita usted dinero?
○ No, gracias, hasta el lunes no.

3 – ¿Cuántos planos de Madrid necesitas, Mónica?
○ Dos, ______ para Ana y ______ para su madre.

4 – ______ domingos no hay ______ autobuses, ¿verdad?
○ No, ______ domingos no.

5 – Madrid es ______ ciudad muy interesante.
○ Sí, Barcelona también.

6 – ¿Cuántos son ______ días de ______ semana?
○ Son siete: lunes, martes, ...

7 – ¡ ______ momento, por favor! ¿Es usted ______ señorita Thimm?
○ No, yo soy Karin Göppel.

8 – ______ maíz es ______ producto agrícola.
○ Sí, y las naranjas también.

9 – ______ problemas de Enriqueta no son ______ problemas.
○ No, claro.

10 – España exporta ______ aceite de oliva, naranjas ... ¿Maquinaria también?
○ Sí, coches por ejemplo.

Aufgabe 7

Ergänzen Sie die Sätze. Kreuzen Sie a), b) oder c) an.

En el aeropuerto

1 *Tere:* ¡______ días, María Luisa! ¿Qué tal?
a) buenas b) buen c) buenos

2 *María Luisa:* ¡Hola, chica! Muy bien, ______ gracias.
a) mucha b) muchos c) muchas

3 *Tere:* Hoy no salen ______ aviones, ¿no?
a) mucho b) muchos c) muchas

4 *María Luisa:* No, hoy no. Y tú, ¿qué tal ______?
a) estás b) está c) están

5 *Tere:* Pues regular. Hay ______ problemas en el aeropuerto. ¿En qué avión llega Martín?
a) muchas b) mucho c) muchos

6 *María Luisa:* ______ en el de Lima.
a) llega b) llego c) llegas

7 *Tere:* ¿De Perú? Lima es una ciudad muy ______, ¿no?
a) bonito b) bonita c) bonitas

8 *María Luisa:* Sí, y muy interesante. Oye, perdona, ¿dónde ______ los lavabos?
a) está b) están c) estás

9 *Tere:* Ahí, los ______ de señoras están ahí.
a) servicio b) servir c) servicios

10 *María Luisa:* Bueno, hasta el sábado. Ah, no. Yo el sábado no estoy. El sábado ______ por primera vez a Costa Rica.
a) viaja b) viajas c) viajo

Aufgabe 8

Setzen Sie die richtigen Präpositionen in die Lücken ein! Zwei bleiben übrig. Eine kommt mehrmals vor.

hasta · por · en · de · sobre · desde · sin · para · entre · a

Ignacio no es catalán. Es vasco. Pero viaja mucho ______[1] Barcelona. Habla catalán ______[2] problemas.

Montserrat trabaja ______[3] Martorell.

Martorell está ______[4] Tarrasa y Barcelona.

Montserrat está ______[5] primera vez en Barcelona. Necesita cambiar pesetas ______[6] francos para su viaje a París. Montserrat pregunta dónde hay un banco a un chico que pasa.

Ignacio: ¿Un banco? Pues no sé dónde hay un banco. No, cerca no hay. ______[7] el centro hay muchos. El autobús ______[8] la Plaza de Cataluña es el número 5. Pero hoy es sábado, y los sábados no ...

Montserrat: Sí, claro, es verdad. No importa, ______[9] el lunes no necesito los francos. Oye, hablas muy bien catalán, pero tu acento es muy raro. ¿Cómo te llamas?

Ignacio: Ignacio Aguirrecoechea. A ver ... ¿______[10] dónde soy?

Montserrat: ¿Vasco, verdad? Yo me llamo Montserrat. Montserrat Pujol.

Aufgabe 9

Ihnen werden zehn Fragen vorgelesen. Kreuzen Sie die passende Antwort an.

1 a) No, aquí se habla también vasco. ☐
b) No, castellano y gallego. ☐
c) Sí, Carmen habla castellano. ☐

2 a) Dos maletas y bolsos. ☐
b) Sí, yo llevo una mochila. ☐
c) Ropa y libros. ☐

3 a) Sí, Santander está en el norte. ☐
b) Sí, se llama Santander. ☐
c) No, me llamo Burgos, Antonio Burgos. ☐

4 a) Es usted. ☐
b) Es el profesor de español. ☐
c) Ah, sí, claro. ☐

5 a) Tenga. ☐
b) Sí, hay tres puertas. ☐
c) Ahí está. ☐

6 a) En el quiosco. ☐
b) No hay. ☐
c) Está en Colombia. ☐

7 a) No, se llama Lima. ☐
b) No sé dónde está. ☐
c) Sí, Quito está en Perú. ☐

8 a) No sé. ☐
b) ¿Y qué importa? ☐
c) En la República Dominicana no hay azúcar. ☐

9 a) Sí, en el estanco. ☐
b) Sí, sellos, por favor. ☐
c) Uno para Alemania y dos para Suiza. ☐

10 a) ¿Y su madre también? ☐
b) Hasta luego. ☐
c) Sí, María compra perfumes. ☐

Aufgabe 10

Diktat. Jeder Satz wird zweimal vorgelesen. Setzen Sie die fehlenden Wörter in die Lücken ein.

1 En España hay ______________ muy bonitas.

2 Las ______________ también son famosas.

3 Por ejemplo la ______________ Nevada.

4 La República Dominicana ______________ azúcar, oro y plata.

5 ¿Su ______________ de nacimiento, por favor?

6 En la bolsa hay solamente un ______________ de perfume.

7 ¿Y cuántos ______________ de cigarrillos?

8 No, mi ______________ se llama Maite.

9 Sabina es una ______________ de Oviedo.

10 El Camino de Santiago es un camino ______________-turístico.

Fakultative Aufgaben

A) *Mündliche Einzelprüfung.*
Kontrolle der Sprechfertigkeit.

Muestre usted al alumno este dibujo y entable un diálogo.
Respete su nivel de conocimientos. Pregúntele y hágale razonar sobre los siguientes puntos. Anímele a que invente lo que no sepa. Por ej.:

- Dónde se encuentran los viajeros.
- Si salen o llegan de viaje.
- Qué llevan en el equipaje.
- Quiénes son ...
- Qué miran.
- ¿Están en el aeropuerto de Barcelona? ¿Por qué?
- Si viajan de día o de noche.
- Para qué países salen los aviones que se indican en la pantalla.
- Cuántos aviones salen para Hispanoamérica.
- Si se necesita un pasaporte para viajar en avión.
- Si puede indicar dos cosas importantes en un pasaporte. (Por ejemplo, fotografía y firma.)
- Si los viajeros sólo tienen marcos y van a París, ¿qué tienen que hacer si quieren comprar algo?

B) *Schriftliche Einzelprüfung.*
Kontrolle der Schreibfertigkeit.

Sie sind seit einem Monat in Spanien und wollen jemandem zeigen, wieviel Sie schon über dieses Land wissen.
Schreiben Sie einen Brief und erwähnen Sie mindestens folgende Punkte:

- Wo Sie sind.
- Wir Ihr Spanisch-Lehrer heißt.
- Wie Ihr spanischer Freund heißt und woher er kommt.
- Was Sie über die verschiedenen Sprachen in Spanien wissen.
- Was Sie über die spanische Wirtschaft wissen. Zum Beispiel: was exportiert Spanien? Was führt es ein? Was für eine Rolle spielt der Tourismus?
- Wieviele spanische Städte, Strände oder Berge Sie schon kennen und wo sie sind.
- An welchen Tagen der Woche Sie Spanisch-Unterricht haben.

¡Eso sí! I

Testaufgaben

Aufgabe 1

Setzen Sie das passende Wort in die Lücken ein. Zwei bleiben übrig.

también	cerca	cuando	ahora	ya
entonces	donde	todavía	durante	
mientras	por eso	antes de		

¡Qué bien! ¡ ____________ [1] estoy en Madrid!

Tomo el autobús y, ____________ [2] ir a casa de Mercedes, paso por el Colegio Alemán,

____________ [3] voy a trabajar unas semanas.

____________ [4] del Colegio Alemán hay un parque muy bonito. Allí está el «Oso de Berlín».

Un oso es ____________ [5] el símbolo de Madrid; un oso y un madroño.

____________ [6] llego a su casa, Mercedes no está

____________ [7] allí. Sólo está la madre.

Mercedes vive *(wohnt)* ____________ [8] con su familia en los alrededores de Madrid, pero trabaja en el centro. En estas ciudades-dormitorio falta vida

____________ [9] el día. ____________ [10] es muy aburrido para la madre vivir aquí.

Aufgabe 2

Ordnen Sie den Substantiven (trabajo, cena, ...) eines oder mehrere Adjektive zu. Beachten Sie die richtigen Endungen.

amarillo	aburrido	enorme	largo
americano	industrial	amable	rico
estrecho	importante		

1 Un trabajo ____________

2 Una cena ____________

3 Un autobús ____________

4 Una ciudad ____________

5 Un taxista ____________

6 Una película ____________

7 Una noticia ____________

8 Una calle ____________

9 Un apellido ____________

10 Un tráfico ____________

Aufgabe 3

Welches Wort gehört nicht dazu? Unterstreichen Sie es.

1 restaurante, librería, banco, cena, hotel, farmacia.

2 hermana, martes, hijo, madre, familia, padre.

3 secretaria, artista, ministro, turista, cajera, oficinista.

4 Puerta del Sol, el madroño, El Retiro, Valencia, la movida, El Prado.

5 buscar, pagar, mar, tomar, dar, cenar.

6 amarillo, rojo, malo, rosa, negro, blanco.

7 tren, avión, parada, coche, autobús, barco.

8 vas, escribes, comes, compráis, pones, hablas.

9 ¡vale!, ¡claro que sí!, ¡buena idea!, ¡qué pena!, ¡qué bien!

10 Castilla, Andalucía, País Vasco, Santander, Galicia, Cataluña.

Aufgabe 4

Clara und Juan sind jungverheiratet. Heute ißt Clara bei ihren Eltern zu Abend.
Setzen Sie die richtige Verbform (im Präsens) ein.

Madre: ¿Hasta cuándo ____________ [1] *(trabajar)* en el centro comercial?

Clara: Hasta el viernes día 13, mamá. Por eso ____________ [2] *(buscar)* otro empleo. Juan no ____________ [3] *(ganar)* mucho en la fábrica.

Madre: ¿ ______ 4 *(necesitar/ vosotros)* dinero?

Clara: Claro que ______ 5 *(necesitar)* dinero. En el cuarto de estar ______ 6 *(faltar)* todavía las cortinas, una alfombra ...

Madre: Sí, siempre falta dinero. ¿Por qué no ______ 7 *(preguntar)* tú en la oficina de papá?

Clara: ¿En la compañía de seguros? Allí no ______ 8 *(haber)* trabajo para una cajera. Además yo no ______ 9 *(saber)* nada de oficina.

Mientras la madre ______ 10 *(preparar)* la comida, Clara mira los anuncios del periódico.

Clara: Mira, aquí hay algo ... «Librería Balmes necesita cajera». ¿Qué te parece?

Madre: Sí, el trabajo en una librería es más bonito que en un centro comercial, ¿no?

Aufgabe 5

Setzen Sie die fehlenden Verben in die Lücken ein.

Lothar: Por favor, ¿dónde ______ 1 la parada del autobús número 6?

Doña Inés: ¿El autobús que ______ 2 a la Plaza de España?

Katy: No, a Cibeles.

Doña Inés: Para ______ 3 a Cibeles no necesitan ______ 4 el autobús. ¿Por qué no ______ 5 ustedes a pie? Está muy cerca de aquí.

Lothar: ¿Y cómo ______ 6 después a la terminal? Las maletas ______ 7 mucho y ______ 8 muy cansados.

Doña Inés: En Cibeles toman ustedes el metro en dirección a Colón.

Katy: ¿ ______ 9 muchas paradas?

Doña Inés: No, no. Sólo una. Yo también ______ 10 a la plaza de Colón.

Aufgabe 6

Formulieren Sie zu jeder Antwort die passende Frage. Benutzen Sie die Höflichkeitsform «usted» bzw. die 3. Person Singular.

1 *Profesora:* ¿ ______ ?
Alumna: Aparicio, Concha Aparicio.

2 *Jefe:* ¿ ______ ?
Secretaria: No, vivo en El Escorial, pero trabajo en Madrid.

3 *Jefe:* ¿ ______ ?
Secretaria: No, vasco no. Sólo hablo español y catalán.

4 *Jaime:* ¿ ______ ?
Lola: ¿Para cenar? Sopa y tortilla de patatas.

5 *Recepcionista:* ¿ ______ ?
Klaus Mack: Sí, una doble con baño.

6 *Recepcionista:* ¿ ______ ?
Para cuatro noches.

7 *Luisa:* ¿ ______ ?
Ernesto: No, el hotel La Rábida está muy cerca.

8 *Jörg:* ¿ ______ ?
Alicia: En español esto se llama «florero».

9 *Petra:* ¿ ______ ?
José Luis: ¿Hasta la estación? No sé. Tres o cuatro.

10 *Herr Frey:* ¿ ______ ?
Sra. Stoz: Muy bien, gracias. ¿Y usted?

Aufgabe 7

Sehen Sie sich die Zeichnung an.
Setzen Sie dann die fehlenden Wörter ein.

La familia de los Gómez cena en

__________________ 1. Todos miran

__________________ 2, que está en

__________________ 3 de la habitación. En el centro

hay __________________ 4. Encima de

__________________ 5 hay __________________ 6

de la familia y __________________ 7. No vemos la puerta de la sala, pero sí vemos dos

__________________ 8 encima de los radiadores.

Sobre el parqué hay __________________ 9 muy

larga. Hay también seis __________________ 10. Dos están libres.

Aufgabe 8

Ihnen wird zuerst ein Dialog vorgelesen.
Kreuzen Sie dann folgende Aussagen als richtig oder falsch an.

		richtig	*falsch*
1	Hablan un señor y una señora.	☐	☐
2	La señorita se llama Luisa Fernández.	☐	☐
3	La señorita trabaja en la caja de un banco.	☐	☐
4	La señorita es de Santander.	☐	☐
5	La señorita busca otro trabajo.	☐	☐
6	La señorita habla tres lenguas.	☐	☐
7	La señorita no desea trabajar en el banco.	☐	☐
8	La señorita saca su pasaporte.	☐	☐
9	El señor desea saber el número de su carnet de identidad.	☐	☐
10	El número es el 7 6 8 3 5 7 0.	☐	☐

Aufgabe 9

Hören Sie zu, während die Zahlen vorgesprochen werden.
Verbinden Sie die Ziffern miteinander. Schreiben Sie danach die Zahlen in Buchstaben.

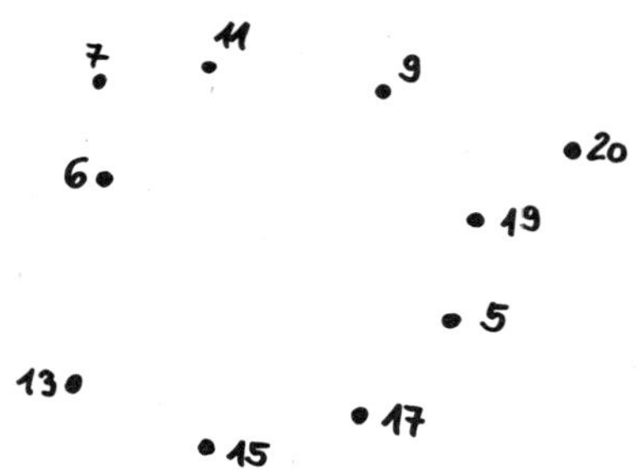

5 = ______________________

6 = ______________________

7 = ______________________

9 = ______________________

11 = ______________________

13 = ______________________

15 = ______________________

17 = ______________________

19 = ______________________

20 = ______________________

Aufgabe 10

Übersetzen Sie!

1 Sabine Findeisen kommt am Flughafen von Madrid an, um hier einige Monate in einem Museum zu arbeiten.

2 Wie groß Madrid ist, und wieviel Verkehr es gibt!

3 „Ja, Madrid ist die größte Stadt Spaniens", sagt *(dice)* der Taxifahrer.

4 „Es hat über 4 Millionen Einwohner,

5 und wie in allen großen Städten ist der Verkehr hier enorm."

6 „Aber, wie ich sehe, gibt es auch viele Grünanlagen, nicht wahr?"

7 „Ja, klar. Der Retiro-Park zum Beispiel liegt hier in der Nähe".

8 Der Taxifahrer findet das Hotel Murillo nicht. Er holt den Stadtplan von Madrid heraus.

9 „Entschuldigen Sie, Fräulein, aber das Hotel, das Sie suchen, heißt jetzt Hotel Princesa und liegt dort an der Ecke, gegenüber der Apotheke."

10 „Danke, vielen Dank. Sie sind sehr liebenswürdig."

Fakultative Aufgaben

A) *Mündliche Einzelprüfung.*
Kontrolle der Sprechfertigkeit (Nacherzählung).

Pida a los alumnos que lean el siguiente texto:

Madre: ¿Hasta cuándo trabajas en el centro comercial?
Clara: Hasta el viernes día 13, mamá. Por eso busco otro empleo. Juan no gana mucho en la fábrica.
Madre: ¿Necesitáis dinero?
Clara: Claro que necesitamos dinero. En el cuarto de estar faltan todavía las cortinas, una alfombra ...
Madre: Sí, siempre falta dinero. ¿Por qué no preguntas en la oficina de papá?
Clara: ¿En la compañía de seguros? Allí no hay trabajo para una cajera. Además yo no sé nada de oficina.

Mientras la madre prepara la comida, Clara mira los anuncios del periódico.

Clara: Mira, aquí hay algo ... «Librería Balmes necesita cajera». ¿Qué te parece?
Madre: Sí, el trabajo en una librería es más bonito que en un centro comercial, ¿no?

1 El alumno deberá relatar detalladamente el contenido del texto.
2 El profesor puede entablar después un diálogo, a la vista del dibujo, en torno a:
- Descripción del lugar donde se encuentran Clara y su madre.
- Qué clase de trabajo realiza la madre en la cocina.
- ¿Sabe o le gusta al alumno cocinar?
- ¿Qué hace Clara en el centro comercial? ¿Por qué busca otro trabajo? ¿Gana Juan, su esposo, mucho dinero?
- ¿Qué muebles tiene el alumno en su sala de estar? ¿Ve la televisión durante las comidas? ¿Ve todos los días la televisión?
- ¿Qué es mejor, trabajar en un centro comercial o en una librería?

B) *Schriftliche Einzelprüfung.*
Kontrolle der Schreibfertigkeit.

Nach einer langen Reise sitzen Sie endlich in Ihrem Hotelzimmer. Sie sind geschäftlich in Madrid. Am liebsten würden Sie gleich zu Hause anrufen, um von Ihren ersten Eindrücken zu erzählen. Aber nach Deutschland zu telephonieren ist sehr teuer. Sie schreiben dann lieber einen Brief. Schreiben Sie (im Präsens):

- Wie Sie vom Flughafen ins Hotel gefahren sind und Ihre ersten Eindrücke von der Stadt.
- Wo das Hotel liegt und was es in der Nähe alles gibt.
- Was für ein Zimmer Sie im Hotel haben und wie lange Sie dort bleiben wollen.
- Wie die Dame in der Rezeption war und welche Probleme sie mit Ihrem Namen hatte.

¡Eso sí! I

Testaufgaben

Aufgabe 1

Lesen Sie den ganzen Text aufmerksam durch. Kreuzen Sie dann die Aussagen zum Text als richtig oder falsch an.

«Quien espera, desespera.»
(Wer wartet, verzweifelt./Hoffen und harren macht manchen zum Narren.)

Son las nueve y media de la noche. Karin no ha llegado todavía. Javier, su marido, mira nervioso el reloj. Está delante de la cafetería «Doria» y espera a su mujer. Han quedado aquí a las nueve para tomar algo antes de ir al teatro. Pero Karin no llega. Javier entra en la cafetería y llama por teléfono a su casa.

Hija: ¿Mamá? Pero si mamá ha salido de casa a las ocho ...
Javier: ¿Y sabes adónde ha ido?
Hija: A tomar el autobús de las ocho y diez que va directamente a la Puerta del Sol.
Javier: ¿A la Puerta del Sol? ¿Y para qué?
Hija: Para cenar. ¿No vais a cenar juntos antes de ir al teatro?
Javier: Sí, claro, pero la cafetería donde hemos quedado no está en la Puerta del Sol. Bueno, gracias, hija. Voy a ver si ha llegado ya.

Karin no ha llegado. Ya son las diez menos cuarto. Luis y su amiga, que también van al teatro, pasan por la cafetería y ven a Javier.

Luis: ¡Hola, Javier! ¿Qué tal? ¿Qué haces?
Javier: Esperar a Karin. Llevo aquí casi una hora, pero ...
Luis: ¿A Karin? Karin espera en la Puerta del Sol delante de la cafetería «Soria». Hemos pasado por allí poco después de las nueve.
Javier: Vamos entonces al teatro. Posiblemente espera ahora allí.

Sí. Karin está delante del teatro.

Karin: Pero Javier, ¿dónde has estado? He esperado casi una hora en el café «Soria».
Javier: Y yo también. Pero en la cafetería «DO-RI-A». Bueno, dame las entradas.
Karin: ¿Qué entradas? Tú tienes las entradas. Yo no.

¡Qué pena! Las entradas se han quedado encima de la mesa de la cocina. Karin y Javier no van al teatro. Pero van por fin a cenar a la cafetería ... «Doria».

		richtig	*falsch*
1	Javier llama a su hija a las 9.15.	☐	☐
2	Javier desea ir con su hija al teatro.	☐	☐
3	Javier llama desde la cafetería a su casa.	☐	☐
4	La hija ha salido.	☐	☐
5	Karin no va en coche.	☐	☐
6	Javier y su mujer cenan en la Puerta del Sol.	☐	☐
7	Luis y su amiga han cenado con Karin en el café «Soria».	☐	☐
8	Karin ha estado en otra cafetería.	☐	☐
9	Javier tiene las entradas del teatro.	☐	☐
10	Karin y Javier cenan juntos.	☐	☐

Aufgabe 2

Kreuzen Sie die richtige Ergänzung an.

1 – Jaime es un chico muy **simpático**, ¿verdad?
○ Sí, es realmente a) encantado.
b) encanto.
c) encantador.

2 – ¿Vamos a dar un **paseo**?
○ ¿Un paseo?
– Sí, a) una vuelta.
b) un viaje.
c) una movida.

3 – ¿Qué tal la película? ¿**Regular**, no?
○ Sí, a) nada de este mundo.
b) nada del otro mundo.
c) nada del mundo.

4 – ¿Me da dos entradas para esta noche?
○ Lo siento, **no quedan**.
– ¿No quedan?
○ No, a) para esta noche no tengo más.
b) para esta noche no faltan.
c) para esta noche no compro más.

5 – ¿Por qué no pones mañana un **anuncio** en el periódico?
○ Sí, a) voy a poner un aviso en el ABC.
b) voy a poner una carta.
c) voy a poner una llamada.

6 – Petra ha encontrado un nuevo trabajo, pero pagan **poco**.
○ ¿Poco?
– Sí, a) casi todo.
b) casi nada.
c) nada más.

7 – Aquí no tengo el carnet de identidad. Sólo tengo el pasaporte. ¿**Es igual**?
○ Sí, a) es importante.
b) sólo importa.
c) no importa.

8 – ¿Pesa mucho la maleta?
○ No, **unos** 15 kilos.
– ¿Sólo?
○ Sí, a) aproximadamente 15 kilos.
b) menos de 15 kilos.
c) justamente 15 kilos.

9 – Me parece **buena idea** ir el sábado de excursión.
○ Nosotros a) también estamos, por supuesto.
b) también estamos de acuerdo.
c) también, con mucho gusto.

10 – El próximo jueves no es **día de trabajo**.
○ Pues en España a) es un día trabajador.
b) es un día de empleo.
c) es un día laborable.

Aufgabe 3

Setzen Sie die richtige Präposition ein.

de	para	a	en

1 Marina pasa tres meses ________ España.

2 Es una chica ________ unos veinte años.

3 ________ su país trabaja como guía turística.

4 Marina estudia español en la Universidad de Salamanca. Aquí, en verano, hay jóvenes estudiantes ________ todos los países que hablan inglés, alemán, francés . . . , pero poco español.

5 Por eso, ________ tener más contacto con los españoles,

6 trabaja de 5 ________ 8 en un supermercado.

7 ________ el fin de semana

8 prepara una excursión ________ la montaña con unas chicas de Bilbao.

9 En coche es sólo una hora ________ viaje.

10 El lunes no es día de trabajo y puede descansar ________ casa.

Aufgabe 4

Setzen Sie die Verben ins Perfekt: he comido, has viajado ...

1 – ¿Habla usted español, señor Maas?
○ Sí, un poco. ____________ 1 *(estudiar)* un mes en Salamanca.

2 – ¡Hola, chicas! ¿Adónde vamos a cenar, a «Río Grande»?
○ No, por favor, ____________ 2 *(estar/nosotros)* dos veces allí y se come muy mal.

3 – ¿Tienes pesetas, Mario?
○ Sí, ____________ 3 *(cambiar)* ayer.

4 – ¿Tomáis algo o ____________ 4 *(cenar)* ya?

5 – Don Matías, ¿ ____________ 5 *(ir)* usted alguna vez a la ópera?
○ Sí, una vez en Madrid.

6 – Y tus padres, Conchita, ¿cuándo se van?
○ Mañana. ____________ 6 *(tener/ellos)* poco tiempo para ver la ciudad.

7 – Claudia busca trabajo. Llama a una empresa y habla con el jefe.
○ ¿ ____________ 7 *(haber)* suerte?, pregunta la madre.

8 – Pero, hijo, ¿hoy también estás cansado?
○ Sí, hoy ____________ 8 *(trabajar)* más de diez horas.

9 – ¿Cuánto tiempo lleva ya su hija en México, don Andrés?
○ Veinte días. Justamente hoy ____________ 9 *(hablar/nosotros)* con ella por teléfono.

10 – ¿Qué tal el viaje?
○ Fantástico, ____________ 10 *(ser)* un viaje muy interesante.

Aufgabe 5

Setzen Sie die Personalpronomen ein: yo, tú, él, ella ...

En la Universidad Popular.

Clara: ¡A ver si adivina nuestras profesiones!
Profesor: Bueno, vamos a ver ... ¿Dónde trabaja ____________ 1, señorita?
Clara: En un supermercado. Y mi amiga también.
Profesor: Entonces son ____________ 2 ¿... vendedoras?
Clara: No, ____________ 3 soy cajera.
Profesor: ¿Y su amiga?
Clara: Mi amiga sí. ____________ 4 sí es vendedora.
Profesor: Y ____________ 5, señor Brand, trabaja en el aeropuerto, ¿verdad?
Sr. Brand: No, yo no. ____________ 6 trabaja en el aeropuerto, el señor Fuchs.
Profesor: ¿Y las dos señoritas que están ahí, a la izquierda?
Ana y Ute: ____________ 7 trabajamos en una oficina.
Profesor: Entonces está claro. Ana y Ute son oficinistas, ¿no?
Ana: Eso es, oficinistas.
Clara: Pero, Ana, ____________ 8 no sois sólo oficinistas. ____________ 9 eres mecanógrafa, y Ute es operadora.
Profesor: ¿Y quién es estudiante?
Alumnos: Todos, señor Prieto, todos ____________ 10 somos estudiantes de español.

Aufgabe 6

¿Hay? ¿Ser? ¿Estar?

Una carta de Nicole a su familia.

Madrid, 20 de octubre de 19..

¡Hola, queridos!

¿Qué tal ________ 1? ¿Ha llegado ya mi postal?

El sello ________ 2 para papá. En España los sellos ________ 3 muy bonitos. ________ 4 tiendas especiales del Estado para comprar sellos, tabaco, etc. que se llaman «estancos». Bueno, también ________ 5 las oficinas de Correos, claro. Cerca de mi casa ________ 6 una, pero cuando voy después de la clase siempre ________ 7 cerrada. Voy a ver si mañana compro otros sellos para tu colección, papá.

En el estanco sólo ________ 8 éstos.
Hoy he estado con Angela, una amiga de Luis, en el cine. En la sesión de las once – de la noche, claro –.

Los horarios no ________ 9 como en Alemania.
Aquí todo es más tarde.

Mañana termino la carta. Ahora ________ 10 muy cansada.

¡Buenas noches! Nicole.

Aufgabe 7

Hören Sie zu, während die Fragen zu dieser Aufgabe vorgelesen werden. Jede Frage wird zweimal vorgelesen.
Kreuzen Sie die richtige Antwort an.

1 a) Lo siento, no soy de aquí. ☐
b) No, gracias, ya he comido. ☐

2 a) No, el jefe no tiene experiencia. ☐
b) Sí, es verdad, a ver si tengo suerte. ☐

3 a) ¡Hombre, Andrés! ¡Qué sorpresa! ¿Cuándo has llegado? ☐
b) Eres de Madrid, ¿verdad? ☐

4 a) Sí, ¡vaya coche! ☐
b) Sí, el jefe ha visto tu coche. ☐

5 a) No, un rollo. ☐
b) Sí, voy a la clase del señor Prieto. ☐

6 a) ¡Qué pena, no hay entradas! ☐
b) No importa, déme cuatro. ☐

7 a) ¿Y eso por qué? ¿Tiene mucho trabajo? ☐
b) No, no tiene teléfono. ☐

8 a) Bueno, si te parece ... ☐
b) Adiós, hasta mañana. ☐

9 a) No, mis padres no van al cine. ☐
b) Sí, hay gustos para todo. ☐

10 a) ¡Qué pena! ☐
b) ¡Qué mala idea! ☐

Aufgabe 8

Hören Sie zu, während der Text zu dieser Aufgabe vorgelesen wird (zweimal).
Kreuzen Sie dann die richtigen Aussagen an.

1 María Teresa trabaja
a) en una oficina.
b) en la televisión.
c) en un semanario.

2 María Teresa
a) gana más ahora.
b) gana igual.
c) no gana dinero.

3 El trabajo de María Teresa es ahora
a) más aburrido.
b) menos interesante.
c) menos aburrido.

4 María Teresa hace una encuesta a chicos
a) menores de 15 años.
b) mayores de 15 años.
c) mayores de 28 años.

5 Los hijos de María Teresa tienen
a) más de 15 años.
b) 15 años.
c) menos de 15 años.

6 La revista analiza
a) qué comen los chicos en España.
b) cómo van al colegio.
c) qué hacen los chicos las 24 horas del día.

7 Los chicos necesitan para ir al colegio
a) una hora aproximadamente.
b) casi dos horas.
c) menos de una hora.

8 Los chicos españoles miran la televisión
a) más de dos horas al día.
b) unas dos horas.
c) entre cuatro y seis horas.

9 La influencia de la televisión en los jóvenes es de
a) un 48 %.
b) un 84 %.
c) un 4,8 %.

10 La influencia de los libros es
a) más importante
b) igual
c) menos importante
que la influencia de la televisión.

Aufgabe 9

Lückendiktat.
Schreiben Sie anschließend die Zahlen aus.

Se dice que la Plaza Mayor de Salamanca es la plaza más bonita de España. En ________________ 1 se inician *(beginnen)* las obras, que se terminan ________________ 2 años después. También son muy famosas las iglesias románicas, como la iglesia de San Martín, de ________________ 3. Junto al río destaca la iglesia de Santiago, también del ________________ 4, como la Catedral Vieja. La universidad de Salamanca tiene más de ________________ 5 años. En ________________ 6 tiene ya

________________ 7 Facultades. En la antigua biblioteca hay más de ________________ 8 libros, y más de ________________ 9 en la biblioteca moderna.
Desde Salamanca a Madrid hay ________________ 10 kilómetros.

1 = ________________
2 = ________________
3 = ________________
4 = ________________
5 = ________________
6 = ________________
7 = ________________
8 = ________________
9 = ________________
10 = ________________

Aufgabe 10

Kreuzen Sie das richtige Wort bzw. den richtigen Satz an.

1 Madrid tiene más de cuatro millones
a) habitantes.
b) para habitantes.
c) de habitantes.

2 En mi colegio sólo hay chicas. Somos **224**.
a) dos y ciento veinticuatro.
b) doscientas veinticuatro.
c) doscientos veinticuatro.

3 En casa cenamos a) a las diez.
b) a diez.
c) a los diez.

4 La habitación cuesta 500 marcos a) de día.
b) en día.
c) al día.

5 El precio de la habitación es de **500** marcos.
a) cinco cientos.
b) quinientos.
c) cincuenta.

6 Hoy es a) quince enero.
b) el quince de enero.
c) la quince en enero.

7 a) En mil novecientas noventa y dos se celebra la Olimpiada.
b) En mil nuevecientos noventa y dos se celebra la Olimpiada.
c) En mil novecientos noventa y dos se celebra la Olimpiada.

8 a) Son cien mil pesetas (100.000 ptas.)
b) Son ciento mil pesetas (100.000 ptas.)
c) Son mil cien pesetas (100.000 ptas.)

9 a) ¿A cuánto estamos hoy?
b) ¿A cuántas estamos hoy?
c) ¿A cuántos estamos hoy?

10 ¿Qué hora es? a) Es la tres menos cinco.
b) Son la tres menos cinco.
c) Son las tres menos cinco.

Fakultative Aufgaben

A) *Mündliche Einzelprüfung.*
Kontrolle der Sprechfertigkeit.

Qué hacen los jóvenes en su tiempo libre
Horas/Año

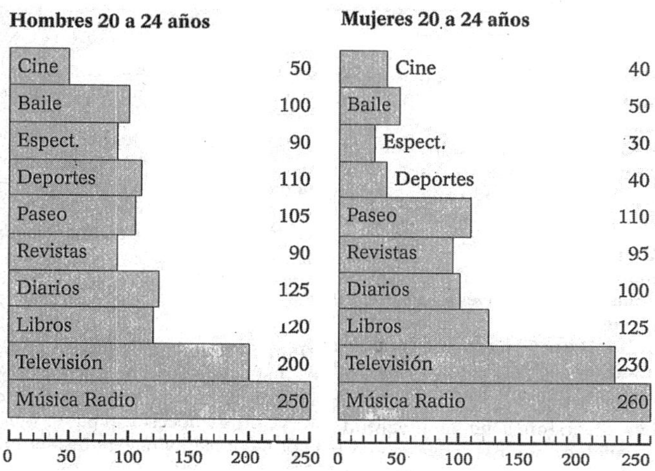

Pida al alumno que examine este gráfico.

1 Si el alumno tiene entre 20 y 30 años se podrá identificar con los resultados de la encuesta. Considere si es hombre o mujer y déjele que comente en primer lugar de forma espontánea el gráfico.

¿Qué se refleja en el gráfico? ¿Cuáles son sus primeras conclusiones? ¿Qué diferencias hay entre hombres y mujeres? ¿Qué hacen los hombres/mujeres de esa edad en Alemania en su tiempo libre? ¿Tienen las mismas diversiones?

Por ejemplo: ¿Piensa el alumno que en Alemania las mujeres hacen mucho menos deporte que los hombres de esa edad, como parece que ocurre en España? ¿Hace él/ella mucho deporte? ¿Qué le parece lo más interesante, curioso o significativo?

2 Si el alumno tiene más de 30 años, será interesante que analice los cambios que se hayan producido en sus diversiones actuales en relación a las del gráfico.

¿Dedica el alumno mayor tiempo a pasear, por ejemplo, que cuando tenía 20 años? ¿Lee ahora más? ¿Piensa que los jóvenes hoy (quizás sus hijos) miran más la televisión, o leen menos libros? ¿A qué se dedicaba en sus ratos de ocio, en su tiempo libre, cuando tenía unos 20 años? ¿Qué es lo que más ha cambiado? ¿Son los jóvenes hoy más pasivos, más «caseros»? ¿Se divierte la juventud de hoy más que la de antes? Etc.

B) *Schriftliche Einzelprüfung.*
Kontrolle der Schreibfertigkeit.

Sie suchen eine neue Arbeit (bzw. Ferienjob). In der Zeitung haben Sie ein interessantes Angebot für Sie gelesen.

Schreiben Sie bitte eine Bewerbung. Berichten Sie über Ihre jetzige Arbeit, Ihre Schulausbildung. Erzählen Sie, warum Sie an der Arbeit interessiert sind, wo Sie bisher gearbeitet haben, was für eine Ausbildung Sie gehabt haben, was Sie alles können (Sprachen, usw.), ob Sie im Ausland waren ...

¡Eso sí! I **Testaufgaben**

Aufgabe 1

Stimmt alles in dieser Speisekarte?

Richtig:

Falsch:

Aufgabe 2

Lesen Sie aufmerksam den Text.
Kreuzen Sie dann die richtige
Ergänzung bzw. Antwort an.

Desde hace unos meses Pedrito vive con su familia en Madrid. Pedrito tiene ahora un amigo nuevo, don Julián, el dueño de la Librería de la calle Preciados. Los sábados Pedrito lleva a Correos en su bicicleta las cartas y paquetes de don Julián. Pedrito tiene una bicicleta muy vieja y necesita dinero para comprar una nueva. Todos los días mira los anuncios del periódico, pero hasta ahora sólo ha encontrado bicicletas que cuestan más de tres mil pesetas.

○ Pronto son las fiestas de Navidad – dice un día Don Julián.

«Es verdad, qué buena idea. Voy a escribir una carta a los Reyes Magos», piensa Pedrito.
El chico compra papel, un sobre y un bolígrafo nuevo. Pero no sabe cómo empezar la carta.

– ¿Por qué no me escribe usted la carta, don Julián? Yo escribo muy mal.
○ ¡Vale! Yo escribo la carta y tú escribes la dirección y firmas también, ¿de acuerdo?

El 5 de enero los Reyes recorren la ciudad. Todo el mundo está en las calles. Don Julián y Pedrito miran a ver si encuentran la bicicleta en alguna de las carrozas de juguetes *(offene Kutschen, beladen mit Spielzeug)* que los Reyes llevan a los niños.

– ¡Mire allí, Don Julián, mi bicicleta ...!
○ ¿La roja?
– Claro, los Reyes saben que sólo me gustan de color rojo.

(Sí, Don Julián también sabe que «los Reyes» han comprado una bicicleta roja para Pedrito.)

1 ¿Quién es Pedrito?
a) El hijo de don Julián.
b) Un niño.
c) Un empleado de Correos.

2 ¿Trabaja todos los días para don Julián?
- a) Sí, todos los días.
- b) Sólo este sábado.
- c) Un día a la semana.

3 a) Algunas veces Pedrito mira los anuncios en el periódico.
- b) Pedrito lee siempre los anuncios del periódico.
- c) El periódico anuncia bicicletas muy baratas.

4 a) La bicicleta de Pedrito tiene muchos años.
- b) Pedrito tiene una bicicleta nueva.
- c) La bicicleta es de don Julián.

5 ¿Es invierno?
- a) Sí, es el mes de diciembre.
- b) No, es verano.
- c) No, es octubre.

6 ¿Es famosa en España la fiesta de los Reyes Magos?
- a) No, no se conoce.
- b) No, no es divertida.
- c) Sí, mucho.

7 ¿Por qué no escribe Pedrito la carta?
- a) Porque no sabe escribir.
- b) Porque a Pedrito no le gusta escribir.
- c) Porque don Julián escribe mejor.

8 ¿Con quién va Pedrito a ver pasar a los Reyes Magos?
- a) Va solo.
- b) Van con don Julián.
- c) Sí, con los Reyes Magos.

9 ¿Van los Reyes en bicicleta?
- a) No, en las carrozas llevan bicicletas para los niños.
- b) No, los Reyes venden bicicletas.
- c) Sí, van en bicicleta.

10 ¿Quién ha comprado a Pedrito una bicicleta roja?
- a) Los Reyes Magos.
- b) Don Julián.
- c) Un señor de Correos.

Aufgabe 3

Was antworten Sie? Bitte ordnen Sie zu.

1 ¿No quieres beber algo?	a) Sí, otro ejemplar no tengo.
2 ¿Me puedes dar dos duros?	b) Al Dr. Blanes.
3 ¡A mí me trae una Coca-Cola!	c) ¡Qué va! Igual no es.
4 Es un sitio precioso.	d) No, gracias, no tengo sed.
5 ¿A cuántos estamos?	e) No sé qué fecha es hoy.
6 ¿A qué médico vas?	f) Muy bonito. Una publicación preciosa.
7 ¿Sólo tiene este número de «Cambio»?	g) Sólo tengo marcos. Pesetas no me quedan.
8 ¿Qué te parece este folleto sobre las Fallas?	h) Sí, posiblemente mañana.
9 Mira, tengo la misma boina que tú.	i) ¿Algo más?
10 ¿Sabes que a lo mejor viene Carlos?	j) Sí, el local sí, pero la gente no me gusta.

Aufgabe 4

Sehen Sie sich die Zeichnung an und setzen Sie die fehlenden Wörter ein.
Benutzen Sie die spanischen Ausdrücke für „hinter", „rechts", „links", „nah", „weit", „gegenüber".

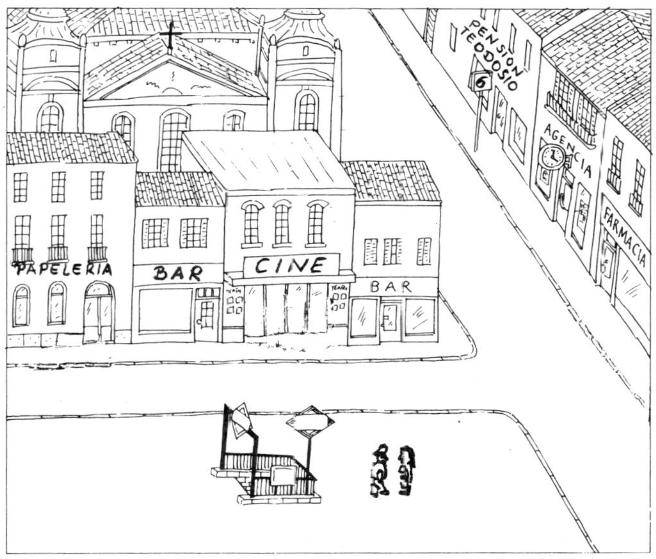

Señor: ¿Necesita usted algo, señorita?
Jutta: Sí, señor. Necesito comprar unas aspirinas, pero no sé dónde hay una tienda.
Señor: Si necesita usted una medicina tiene que ir a una _______________ 1, señorita.
Jutta: ¿Y dónde hay una por aquí?
Señor: Mire, ahí, _______________ 2 del banco.
Jutta: ¿Y un bolígrafo? ¿Dónde puedo comprar un bolígrafo?

Señor: Pues en una ____________[3]. Justo ____________[4] del bar hay una. ¿Vive usted ____________[5] de aquí?
Jutta: No, muy ____________[6]. En la pensión Teodosio. ¿Ve usted? Ahí ____________[7] de la parada del autobús número 77.
Señor: ¿Desea saber algo más?
Jutta: Ah, sí, por favor ... ¿Sabe usted si puedo cambiar dinero en la agencia de viajes?
Señor: No, es mejor en un ____________[8]. Ahí en la ____________[9] tiene usted uno.
Jutta: ____________[10] del cine, ¿verdad?

Aufgabe 5

Zehn kurze Dialoge.

Setzen Sie die richtigen Verbformen in die Lücken ein.

cerrar poder contar sentir encontrar
empezar pensar costar
querer tener que

1 – Antonio trabaja mucho.
 ○ Sí, ____________ pensar más en su salud.
2 – Mire, allí hay una cafetería ...
 ○ Bueno, si ____________ ustedes, bebemos algo.
3 – ¿Me ____________ *(tú)* algo de Arturo?
 ○ Lo he visto ayer, está muy bien.
4 – ¿Es muy cara la enseñanza?
 ○ Sí, los colegios ____________ mucho en España.
5 – ¿Qué buscas, Pilar?
 ○ Las llaves. No ____________ las llaves del coche.
6 – Tenemos que preparar la comida.
 ○ Pues si vosotras no ____________ ya, vamos a cenar muy tarde.
7 – ¿Hasta qué hora trabajas?
 ○ Hasta las nueve. Los jueves ____________ *(yo)* a las nueve.
8 – ¿Y si cerráis antes y nos vamos al cine?
 ○ No, hoy no ____________ cerrar antes.
9 – ¿Qué van a hacer ustedes este verano?
 ○ ____________ ir a Galicia.
10 – Mañana a las ocho nos vamos.
 ○ ¡Qué pena! ¿No ____________ irte?

Aufgabe 6

¿**Muy** oder **mucho**? ¿**Hay**, **ser** oder **estar**?

Juan: El día 15 de agosto ____________[1] la fiesta de mi pueblo.
Hans: En España ____________[2] ____________[3] fiestas, ¿verdad?
Juan: Sí, y algunas son ____________[4] originales.
Hans: En Alemania también tenemos fiestas populares, pero no ____________[5] iguales. ¿Sabes qué fiesta quiero ver? Las Fallas de Palencia.
Juan: No, hombre, las Fallas son en Valencia. Palencia y Valencia están en provincias ____________[6] distintas. Las Fallas, ya sabes, ____________[7] en marzo. Conoces poco de España, ¿verdad?
Hans: Sí, no he viajado ____________[8] todavía. Pero desde hace una semana ya no tengo clases. Ahora sólo pienso en mis vacaciones.
Juan: ¿Y por qué no empiezas tus vacaciones en mi pueblo? Si quieres, puedes quedarte en mi casa.
Hans: Oh, muchas gracias. Me gusta ____________[9] tu idea.
Juan: Entonces mira, si salimos el miércoles a las ocho de la mañana, podemos ____________[10] a la hora de comer en casa. ¿Vale?
Hans: Vale. De acuerdo.

Aufgabe 7

Hören Sie zu, während der Kursleiter den Text zu dieser Aufgabe vorliest. Der Text wird zweimal vorgelesen.
Kreuzen Sie dann die Aussagen zum Text als richtig oder falsch an.

		richtig	*falsch*
1	Nicole está en Madrid desde hace un mes.	☐	☐
2	Nicole tiene 25 años.	☐	☐
3	Nicole ha estudiado español en la Universidad de Friburgo.	☐	☐
4	Nicole es española pero su madre es alemana.	☐	☐
5	Nicole sabe mucho de España.	☐	☐
6	La Dama de Elche es una escultura ibérica.	☐	☐
7	Nicole tiene muchos problemas en España.	☐	☐
8	En casa de los Clavero se cena a las seis.	☐	☐
9	La señora de Clavero conoce muy bien a los profesores de Nicole.	☐	☐
10	El día 10 de octubre empiezan las clases.	☐	☐

Aufgabe 8

Hören Sie zu, während der Kursleiter die Fragen zu dieser Aufgabe vorliest. Jede Frage wird zweimal vorgelesen.
Kreuzen Sie dann die richtige Antwort an.

1 a) Mi cumpleaños es el miércoles. ☐
b) El ocho de junio. ☐
c) En 1947. ☐

2 a) Estamos quince personas. ☐
b) A sábado. ☐
c) A 10 de enero. ☐

3 a) Una de Buñuel. ☐
b) No, mañana. ☐
c) Sí, muy bonita. ☐

4 a) En Correos. ☐
b) No, mucho no. ☐
c) No, no me gusta. ☐

5 a) Tiene mucho trabajo. ☐
b) No tiene ganas. ☐
c) Tengo que preparar un examen. ☐

6 a) Creo que es 37002. ☐
b) Creo que cuesta 45 pesetas. ☐
c) Creo que está en la calle Ancha. ☐

7 a) Sí, una chaqueta. ☐
b) Es azul. ☐
c) Blanca o negra. ☐

8 a) Trabaja cinco horas. ☐
b) Sí, ahora trabajo. ☐
c) Cuarenta horas a la semana. ☐

9 a) Voy al cine con Marisa. ☐
b) Sí, trabajo en un banco. ☐
c) No, ya no trabajo allí. ☐

10 a) Piensa en Marisa. ☐
b) Pienso en mi novia. ☐
c) Piensan en sus vacaciones. ☐

Aufgabe 9

Diktat. Der Text wird zweimal vorgelesen.
Setzen Sie die fehlenden Wörter in die Lücken ein.

Son las dos de la mañana. La mayoría de los habitantes de Cebreiro, un pequeño pueblo gallego, están en la cama. Algunos ____________ 1 circulan todavía. Aunque no se ve ____________ 2 por las calles, muchos bares están abiertos y llenos de ____________ 3 que toman ____________ 4 y refrescos. Tampoco es tarde para comer algo antes de ____________ 5. «Para comer y beber algo con los amigos siempre es buena hora en España», dice Reiner.
Reiner y su amigo están haciendo el Camino de Santiago. Han ____________ 6 ya miles de kilómetros desde su salida de Alemania. No van a pie. Van en ____________ 7 y esperan llegar a Santiago justamente el 25 de julio, la ____________ 8 del Apóstol. Tienen ____________ 9 y sólo necesitan ____________ 10.
Entran en uno de los bares y preguntan dónde hay un sitio para pasar la noche. «En mi casa», dice Agustín. «Y en mi casa también», dice Álvaro. No hay problemas. Todos tienen una cama en su casa para Reiner y su amigo.

Aufgabe 10

Schreiben Sie die Namen der Wochentage und Monate, die ein „r“ haben.

1 ____________________

2 ____________________

3 ____________________

4 ____________________

5 ____________________

6 ____________________

7 ____________________

8 ____________________

9 ____________________

10 ____________________

11 ____________________

Fakultative Aufgaben

A) *Mündliche Einzelprüfung*
Kontrolle der Sprechfertigkeit

Pregunte en primer lugar al alumno cuál es la ciudad o el pueblo que mejor conoce en Alemania. Exprese entonces su deseo de visitar dicho lugar, lugar que «naturalmente» usted no conoce.

- Infórmese del número de habitantes que tiene. ¿Hay muchos extranjeros? ¿Causan problemas? ¿Qué piensa el alumno sobre la situación de los extranjeros en Alemania?
- Si hay mucha o poca industria. Si es un lugar con o sin interés turístico.
- ¿Es una ciudad antigua, moderna? ¿Se destruyó mucho durante la guerra? ¿Es mejor sanear, restaurar un edificio o construir en su lugar uno nuevo?
- ¿Existen monumentos de interés? ¿Qué le aconseja visitar?
- Si hay zonas de recreo. Si se puede practicar algún deporte.
- ¿Cómo es la vida cultural? ¿Es un lugar aburrido, divertido?
- ¿Qué fiestas hay? ¿Cómo son: religiosas, populares? ¿Qué celebran? ¿En qué época del año tienen lugar? ¿Cuánto duran? ¿Viene mucha gente de fuera?
- ¿Cómo es la gastronomía? ¿Cual es la comida típica de la región? ¿Hay algún plato especial?
- ¿Cómo son los alrededores? ¿Merece la pena visitarlos?

B) *Schriftliche Einzelprüfung*
Kontrolle der Schreibfertigkeit

Sie haben leider noch keine Arbeit gefunden. Deshalb haben Sie einen Ferienjob als Kellner/in in einem Restaurant angenommen. Schreiben Sie einen Brief an Ihren Freund oder an Ihre Freundin und erzählen Sie über Ihre Arbeit.
Zum Beispiel:

- Seit wann Sie dort arbeiten.
- Wo das Café liegt.
- Wann Sie mit Ihrer Arbeit morgens beginnen.
- Was für Gäste Sie bedienen.
- Was in der Regel bestellt wird.
- Erzählen Sie eventuell über Gäste, die regelmäßig das Café besuchen.

¡Eso sí! I **Testaufgaben**

Aufgabe 1

Lesen Sie den Dialog.
Kreuzen Sie dann die Aussagen als richtig oder falsch an.

Ramón: ¡Pero qué bien habla usted español! ¿Viene usted mucho a España?
Marta: Sí, todos los años.
Ramón: ¿Ha aprendido usted español en España?
Marta: Pues sí ... He vivido antes aquí.
Ramón: ¿Con su familia?
Marta: Sí, con mis padres.
Ramón: ¿Ha ido usted entonces en España al colegio?
Marta: Por supuesto. Desde los cinco años.
Ramón: Ahora entiendo. ¿Y su marido también?
Marta: No, él ha vivido siempre en Alemania. Entiende bastante bien, pero habla regular.
Ramón: Bueno, es que usted habla perfectamente. Sólo tiene un poco de acento ...
Marta: ¿Andaluz?
Ramón: Eso es, habla usted como una andaluza.
Marta: ¡Claro! Es que he nacido en Sevilla y soy española. En Alemania vivo sólo desde que estoy casada.
Ramón: Pues no tiene usted cara de andaluza ...
Marta: No, ya sé. Mi abuelo es inglés.
El marido: Marta, ¡hoy es la cuarta vez que cuentas la misma historia!

		richtig	*falsch*
1	Marta está en España por primera vez.	☐	☐
2	Marta no aprendió español en Alemania.	☐	☐
3	Los padres de Marta han vivido siempre en Alemania.	☐	☐
4	Marta sólo ha ido cinco años al colegio.	☐	☐
5	El marido de Marta no habla el español demasiado bien.	☐	☐
6	Marta fue al colegio en Alemania.	☐	☐
7	Marta tiene mucho acento alemán.	☐	☐
8	Marta vive sola.		
9	Toda la familia de Marta es española.	☐	☐
10	Marta cuenta muchas veces por qué no tiene aspecto de española.	☐	☐

Aufgabe 2

Ordnen Sie einen der beiden Sätze dem fettgedruckten Satz zu.

1 **Pensamos estar dos años en España.**
 a) Creemos que llevan dos años en España.
 b) Vamos a estar dos años en España.

2 **Llegamos a eso de las dos.**
 a) Venimos aproximadamente a las dos.
 b) Venimos los dos.

3 **¿Has mirado el motor del coche?**
 a) ¿Has revisado el motor del coche?
 b) ¿Has visto qué clase de motor tiene el coche?

4 **Como la madre no llega, los chicos empiezan a comer.**
 a) La madre come cuando los chicos llegan.
 b) Los chicos empiezan a comer porque la madre no llega.

5 **En mi casa se almuerza a las dos y pico.**
 a) En mi casa se come antes de las dos.
 b) En mi casa comemos entre las dos y las dos y media.

6 **Cuando vienen clientes alemanes vamos a cenar casi siempre a un restaurante de las Ramblas.**
 a) Los clientes alemanes cenan pocas veces en las Ramblas.
 b) Si vienen clientes alemanes cenamos muchas veces en las Ramblas.

7 **Eva llama al restaurante para reservar una mesa, pero para las nueve no hay ninguna libre.**
 a) Eva no encuentra sitio en el restaurante para cenar a las nueve.
 b) En el restaurante no hay sitio para nueve personas.

8 **Pronto empiezan las vacaciones de verano.**
a) Dentro de poco empiezan las vacaciones.
b) Hoy empiezan las vacaciones.

9 **José Luis trabaja aquí desde el mes pasado.**
a) El trabajo de José Luis es muy pesado.
b) José Luis trabaja aquí desde hace un mes.

10 **Nada más regresar a casa Ricardo cena y se va a la cama.**
a) Cuando Ricardo regresa a casa se va a cenar a la cama.
b) Cuando Ricardo vuelve a casa, cena y se acuesta.

Aufgabe 3

Kreuzen Sie die richtige Ergänzung an.

1 **Vieja** es una persona que tiene
a) veinte años.
b) ocho años.
c) ochenta años.

2 **Si he trabajado mucho** llego a casa
a) pesado.
b) cansado.
c) casado.

3 Julio tiene 20 años, Enrique 18, **Pepe 15**.
Pepe es a) el mayor.
b) el mejor.
c) el menor.

4 **Feo** es algo que no es
a) divertido.
b) bonito.
c) rico.

5 Si usted quiere **bañarse**, puede ir
a) a la playa.
b) a la plaza.
c) a la selva.

6 Si Ana pasa **medio año** en España,
Ana se queda a) una semana.
b) unas semanas.
c) seis meses.

7 Si necesita **gasolina** para el coche, puede ir a
a) un garaje.
b) un supermercado.
c) una estación de servicio.

8 Para **llamar por teléfono** tengo que
a) marcar un número.
b) hacer una señal.
c) comprar un número.

9 Tengo **ojos** para
a) oír.
b) ver.
c) oler.

10 Si tengo una cita **a las cuatro** y llego a las cinco,
llego a) antes.
b) primero.
c) tarde.

Aufgaben 4 und 5

Setzen Sie die richtige Verbform in die Lücken ein.

El señor Quintana

______ 1 encima de su mesa una nota *(Notiz)* de su	encontrar *(presente)*
secretaria: «______ 2 el señor Galván.	llamar *(indefinido)*
______ 3 con su mujer de paso en Barcelona.	estar *(presente)*
______ 4 si	preguntar *(presente)*
______ 5 usted comer con ellos a las dos en el restaurante ‹El Buzo›». Justamente en ese momento	querer *(presente)*
______ 6 el teléfono. Es la señora Quintana.	sonar *(presente)*
– ¿______ 7 tú, Pablo? ¿Sabes a quién	ser *(presente)*
______ 8 esta mañana en el centro?	ver *(perfecto)*
○ A los Galván. – Exacto. ¿Y quién te	
______ 9 que	decir *(perfecto)*
______ 10 aquí?	estar *(presente)*
○ Han llamado para preguntar si ______ 11 *(nosotros)* con ellos a las dos en el restaurante «El Buzo».	almorzar *(presente)*
¿______ 12 ganas? – Ganas sí, pero ... ¿y la comida de los niños? A la una	tener *(presente)*
______ 13 del colegio y aún no	volver *(presente)*

______ [14] nada. Ya sabes que hoy no comen en el colegio.	hacer *(perfecto)*
○ ¿No ______ [15] macarrones anoche?	quedar *(indefinido)*
– Es verdad. Y sopa también.	
○ Entonces puedes venir, ¿no?	
– Vale, voy. ¿Y dónde nos ______ [16]?	encontrarse *(presente)*
Nunca ______ [17] en ese restaurante.	estar *(perfecto)*
○ Enfrente de la farmacia de Purita. ¿______ [18] ir a pie?	pensar *(presente)*
– Sí, claro. Son sólo cinco minutos. Además a esa hora no hay aparcamiento. Después de la comida me llevas a la tienda en tu coche.	
______ [19] *(vosotros)* a trabajar a las 5, ¿no?	empezar *(presente)*
○ No, a las cuatro. Hoy ______ [20] *(nosotros)* antes.	cerrar *(presente)*

Aufgabe 6

Ordnen Sie zu. Bilden Sie dann Aufforderungssätze (usted).
Beispiel: Compre un periódico español.

1 Descolgar	a) la dirección
1 Esperar	b) el 003454
1 Escribir	c) la puerta
1 Cerrar	d) al alemán
5 Trabajar	e) a la derecha
6 Girar	f) el auricular
7 Marcar	g) la señal
8 Preguntar	h) las noticias
9 Traducir	i) menos
10 Oír	j) a un guardia

Aufgabe 7

Hören Sie zu, während der Kursleiter/die Kursleiterin die Fragen zu dieser Aufgabe vorliest.
Kreuzen Sie dann bei jedem dieser Dialoge die richtige Antwort an.

1 a) Un poco cansado.
  b) A Barcelona.
  c) Dos horas.

2 a) Lo siento, no puedo.
  b) Tenemos que preparar un examen.
  c) Los primeros días sí, después no.

3 a) Sí, te llevo.
  b) La misma que en Madrid.
  c) Un vestido azul.

4 a) Todavía no.
  b) Por la tarde.
  c) A eso de la una.

5 a) No, no me gusta la vida nocturna.
  b) No, no es por la noche.
  c) No, ayer por la noche.

6 a) Sí, el hermano de du padre, ¿no?
  b) Sí, el hermano de tu mujer, ¿no?
  c) Sí, el hijo de tu hermano, ¿no?

7 a) Dentro de un rato.
  b) En el comedor.
  c) En el restaurante «La Sardina».

8 a) A dos de octubre.
  b) Estamos ocho.
  c) Hoy no, mañana.

9 a) No, no tengo tiempo.
  b) Seis meses.
  c) Desde el lunes.

10 a) Rellene el formulario.
  b) Marque directamente.
  c) Compre un indicativo.

Aufgabe 8

Hören Sie zu, während der Kursleiter/die Kursleiterin diesen Dialog vorliest.
Kreuzen Sie dann die Aussagen als „richtig“ oder „falsch“ an.

		richtig	falsch
1	El señor no tiene monedas de cambio para llamar por teléfono.	☐	☐
2	El camarero del bar cambia el billete al señor.	☐	☐
3	El señor tiene un billete de cincuenta pesetas.	☐	☐
4	El banco no está abierto.	☐	☐
5	El señor quiere llamar a Alemania.	☐	☐
6	El coche no funciona porque no es un coche nuevo.	☐	☐
7	Los señores quieren ir a la playa.	☐	☐
8	Paco es el hijo del camarero.	☐	☐
9	Paco trabaja en el restaurante.	☐	☐
10	Los señores quieren comer y beber algo antes de continuar el viaje.	☐	☐

Aufgabe 9

Diktat.
Setzen Sie die fehlenden Wörter in die Lücken ein.

Queridos padres:
Pablo y los chicos ____________ 1 el domingo a las once de la noche con cara de hambre y muy cansados. Pablo ____________ 2 el coche a un garaje y se ____________ 3 enseguida.
Como tengo que preparar primero la comida no podemos ir a la playa hasta las doce. Ayer ____________ 4 a las tres. Así que comemos como en España, muy tarde.
____________ 5 en la lonja del pescado y ____________ 6 descargar la pesca.
____________ 7 una merluza estupenda y a mejor precio que en el supermercado. ¡Qué buena la que ____________ 8 tú el año pasado, mamá!
Anoche ____________ 9 a cenar a un bar nuevo que han abierto junto a la lonja. Allí estaban Julita y José Miguel con sus padres. La madre de Julita ____________ 10 enseguida por vosotros. No entienden por qué no habéis venido este año también.
Hasta pronto. Un fuerte abrazo,
Concha.

Aufgabe 10

Kennen Sie die üblichen Anreden und Grußfloskeln in einem spanischen Brief?

Sehr förmlich
1 Sehr geehrte Damen und Herren!

____

Förmlich
2 Sehr geehrte Frau Martínez,

____

Persönlich
3 Sehr geehrter Herr Velasco,

____

4 Liebe Cristina,

____

Sehr persönlich
5 Lieber Freund,

____

Förmlich
6 Hochachtungsvoll!

____

7 Mit freundlichen Grüßen, – Peter

____

Persönlich
8 Mit herzlichen Grüßen, – Julia

____

Sehr persönlich
9 Es umarmt Dich – Luisa

____

10 (Viele) Küsse von Pablo

____

Fakultative Aufgaben

A) *Mündliche Einzelprüfung*
Kontrolle der Sprechfertigkeit

A la vista del dibujo entable con el alumno un diálogo sobre «un día en la playa». Puede hacer referencia por ejemplo a las siguientes cuestiones:

- ¿Qué playa(s) conoce el alumno? Si nunca ha estado en la playa, quizás conoce un ambiente parecido en algún lago (¿natural? ¿artificial?).
- Caso de que al alumno le guste más la montaña, discuta con él y defienda las ventajas del mar.
  O al contrario. Haga que el alumno razone sus preferencias y no se deje «convencer» demasiado pronto.
- ¿Practica el alumno alguno de los deportes que se ven en el dibujo: la vela, el remo, el surfing? ...
  ¿Prefiere la piscina al mar? (Defienda siempre la postura contraria).
- ¿Le gusta al alumno comer en la playa en algún sitio, o prefiere llevar su propia comida? ¿Qué clase de comida? ¿Y de bebida? ¿Qué piensa el alumno que se puede comprar en el kiosco?
- Pida a los alumnos que describan por ejemplo algunas de las personas que aparecen en el dibujo.

B) *Schriftliche Einzelprüfung*
Kontrolle der Schreibfertigkeit

Sie verbringen Ihre Ferien in Villar Fernando, einem kleinen Dorf in Galicia. Hier haben Sie einen Fischer, Octavio Ferreira, kennengelernt. Schreiben Sie einen Brief an Ihre Freunde in Deutschland und erzählen Sie zum Beispiel:

- Wo und wann Sie Octavio kennengelernt haben, wo er wohnt, wie groß seine Familie ist, wer noch zu Hause wohnt ...
- Über das Leben und die Arbeit eines Fischers; wann er ausfährt, wann er zurückkommt.
- Was Sie in einem Fischerhafen mit Octavio erlebt haben.
- Was Octavio und seine Freunde nach der Arbeit machen.

¡Eso sí! I **Testaufgaben**

Aufgabe 1

Wie heißt es richtig?

1 a) ¿Te gusta tocar el fútbol?
b) ¿Te gusta jugar al fútbol?
c) ¿Te gusta jugar con fútbol?

2 a) Paula toca muy bien la guitarra.
b) Paula toca muy bien a la guitarra.
c) Paula juega muy bien a la guitarra.

3 Voy a ver las noticias.
a) Después acojo la cocina.
b) Después manejo la cocina.
c) Después recojo la cocina.

4 a) Siempre que puedo voy al teatro.
b) Siempre si puedo voy al teatro.
c) Siempre puedo voy al teatro.

5 a) Mi padre va caza todos los domingos.
b) Mi padre va a caza todos los domingos.
c) Mi padre va de caza todos los domingos.

6 a) Los trabajos de mano no me gustan. Prefiero leer un libro.
b) Los trabajos manuales no me gustan. Prefiero leer un libro.
c) Los trabajos manos no me gustan. Prefiero leer un libro.

7 a) En invierno suelo ir a esquiar a Navacerrada.
b) En invierno suelo jugar a esquiar en Navacerrada.
c) En invierno suelo hacer esquiar en Navacerrada.

8 a) ¿Qué deporte toca usted?
b) ¿Qué deporte dedica usted?
c) ¿Qué deporte practica usted?

9 Eva ha aprendido a escribir a máquina
a) para su cuenta.
b) por su cuenta.
c) de su cuenta.

10 El 34 % de la población hace deporte
a) periodicalmente.
b) periódico.
c) periódicamente.

Aufgabe 2

Wählen Sie das passende Wort aus, und setzen Sie es richtig in die Lücken ein.

aburrido	largo	excéntrico	admirable
corriente	feo	horrible	
precioso	simpático	caro	

1 – ¡Qué cuadro más bonito!
○ Sí, es ______________.

2 – ¿Qué te parecen estos zapatos?
○ Demasiado ______________.

3 – ¿Qué opinas del nuevo libro de Cela?
○ No me gusta, es algo ______________.

4 – ¿Qué impresión te ha dado la nueva secretaria?
○ Pues me ha parecido muy amable, sí, muy ______________.

5 – ¿Qué te parece Dalí?
○ Un pintor muy ______________.

6 – ¿Has probado el vino que he comprado?
○ Sí, pero es bastante ______________.

7 – ¿Creo que la corbata no te ha gustado, ¿verdad, papá?
○ Pues no, me parece muy ______________.

8 – ¿Qué tal lo habéis pasado?
○ Muy bien. Pero el viaje ha sido demasiado ______________.

9 – Y el tiempo, ¿qué tal?
○ ¡______________! Ha llovido toda la semana.

10 – Me encanta el marido de Mercedes.
○ A mí también. Es una persona ______________.

Aufgabe 3

Lesen Sie zunächst den Text.
Kreuzen Sie dann die folgenden Aussagen zum Text als richtig oder falsch an.

Soledad Rubio tiene una tienda de cerámica en uno de los barrios más antiguos de Sevilla, en Triana. Desde hace siglos la cerámica de Triana hizo famosa esta parte de la ciudad, situada a orillas del río Guadalquivir. Los padres de Soledad, los abuelos y casi toda la familia se dedican a este trabajo y son los dueños de una pequeña fábrica que exporta también al extranjero.

– ¿Qué clase de objetos exportan ustedes? – pregunto a Soledad.
○ En general, lo que más se exporta son botijos, botijos de barro como éstos que ve usted aquí.
– ¿Son muy caros?
○ Depende. Hay botijos de forma y dibujo muy sencillo, muy clásico, y otros más bien recargados. No todo el mundo tiene el mismo gusto.
– ¿Vienen muchos turistas?
○ Desde luego, pero los españoles compran más. Como la cerámica de cada región es tan distinta, muchas personas suelen coleccionar los objetos más típicos.
– ¿Hay tanta variedad?
○ Sí, muchísima. La cerámica de Sargadelos en Galicia, por ejemplo, no tiene nada en común con la nuestra.
– ¿Trabaja usted también en la fábrica de sus padres?
○ Entre semana sólo vendo aquí en la tienda, pero los sábados sí. Y por las noches. Para mí es lo más bonito que existe: dar forma al barro. Estoy muy satisfecha de mi trabajo.

		richtig	*falsch*
1	Soledad Rubio vive en Andalucía.	☐	☐
2	La tienda de Soledad está en la parte moderna de Sevilla.	☐	☐
3	La industria de la cerámica es algo nuevo en el sur de España.	☐	☐
4	La familia de Soledad vive en el extranjero.	☐	☐
5	Todos los turistas coleccionan botijos.	☐	☐
6	Los turistas extranjeros son los que más compran.	☐	☐
7	Los botijos son muy diferentes.	☐	☐
8	La cerámica gallega es distinta de la sevillana.	☐	☐
9	Soledad sólo está los sábados en la tienda.	☐	☐
10	A Soledad le gusta mucho su trabajo.	☐	☐

Aufgabe 4

Setzen Sie in die Lücken die richtigen Wörter ein.
Wählen Sie jeweils ein Paar und vervollständigen Sie die Antworten.
Beispiel: gustar – ese médico
Marido: Si quieres llamo al Dr. Sánchez.
Esposa: No, **ese médico** no **me gusta**.

a) doler – la garganta
b) estar – resfriado
c) tener – fiebre
d) mirar – la televisión
e) encontrarse – peor
f) necesitar – una venda elástica
g) tomar – una aspirina
h) doler – la cabeza
i) tener – consulta
j) tener – mala cara

1 *Enfermera:* – ¿Qué temperatura tiene usted?
Paciente: ○ No ______________.

2 *Médico:* – ¿Está usted mejor?
Enfermo: ○ No, hoy ______________.

3 *María:* – Andrés, la niña tiene dolor de cabeza.
Andrés: ○ ¿Por qué no ______________?

4 *Juan:* – ¿Quieres un helado?
Dolores: ○ No, ________ mucho ________ .

5 *Madre:* – ¿Por qué le duelen los ojos a Carlitos?

Padre: ○ Porque ___________ horas y horas.

6 *Jefe:* – ¿Está usted enfermo, señor López?

Sr. López: ○ Sí, señor, ____________________.

7 *Futbolista:* – ¡Mire mi rodilla!

Masajista: ○ Sí, ____________________.

8 *Abuelo:* – ¡Qué ruido tan horrible!

Abuela: ○ Es verdad. ¿No te ___________, Eusebio?

9 *Niña:* – Mamá, no sé qué me pasa. Me siento mal.

Madre: ○ Sí, hija, ____________________.

10 *Mujer:* – ¿Por qué no vas mañana al médico?

Marido: ○ Porque mañana no ___________.

Aufgabe 5

Wählen Sie das passende Wort aus und setzen Sie es richtig in die Lücken ein. (Achtung! Einzahl? Mehrzahl? männlich? weiblich?)

uno	**bueno**	**malo**	**grande**

1 Mayo es un ___________ mes para ir a España porque no hace demasiado calor.

2 En el Sur el tiempo casi siempre es ___________. Hace mucho sol y llueve poco.

3 En el Norte hace a veces muy ___________ tiempo. Llueve y hace frío.

4 Sin embargo el agua es ___________ para los campos. Por eso llaman al Norte de España «la España verde».

5 Un ___________ número de españoles prefiere ir al Norte en verano, a Galicia por ejemplo.

6 La costa del Mar Cantábrico es también ___________ de las más atractivas para los turistas.

7 Hace ___________ años estuve en verano en Santander.

8 No tuve ___________ suerte, porque en un mes sólo llovió cinco o seis días.

9 Tengo ___________ deseos de ir en invierno a esquiar a Sierra Nevada.

10 Como Granada está muy cerca no hay problemas si el tiempo es ___________.

Aufgabe 6

Setzen Sie die richtige Form des Pronomens **este** *ein!*

1 ___________ abrigo es precioso.

2 ¿___________ pantalones son negros o azules?

3 ___________ falda es demasiado larga.

4 ¿No te gustan ___________ corbatas de seda?

Übersetzen Sie ins Deutsche!

5 Este año ha hecho mucho frío en Alemania.
6 Este domingo vamos de excursión a la playa.
7 Esta mañana he visto a tu prima Conchita.

Setzen Sie die richtige Adjektivform ein!

8 ¿El hotel «Colón»? Es un buen hotel, pero ________________ *(sehr teuer)*.

9 El hotel «Avenidas» es ________________ *(moderner)* y está además en el centro.

10 ¿Pues sabes adónde voy yo siempre? A la pensión «Torre del Oro». Es ________________ *(die billigste)* del barrio.

Aufgabe 7

Hören Sie zu, während die Kursleiterin/der Kursleiter den Text vorliest.
Kreuzen Sie dann die Aussagen als richtig oder falsch an.

		richtig	*falsch*
1	El texto habla de la señora López.	☐	☐
2	Ella vive en el sur de España.	☐	☐
3	La señora López es secretaria.	☐	☐
4	Vive sola.	☐	☐
5	Trabaja mucho.	☐	☐
6	Da clases de idiomas en una academia.	☐	☐
7	No le gusta su profesor.	☐	☐
8	En primavera quiere ir a Inglaterra.	☐	☐
9	Piensa ir con su madre.	☐	☐
10	Los niños se quedan con la abuela.	☐	☐

Aufgabe 8

Susanne und Klaus berichten über das Wetter auf ihrer Spanienreise.
Schauen Sie sich die Wetterkarte an. Welche Symbole sind nicht richtig?

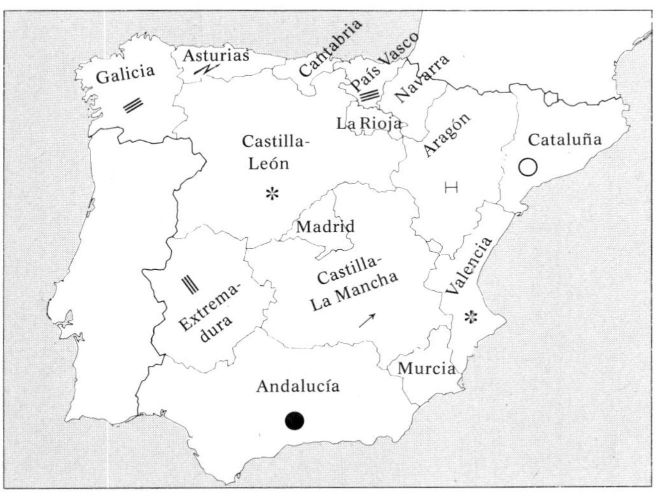

despejado	= ○	tormenta	= ⫽
nuboso	= ◑	viento	= ↗
cubierto	= ●	nieve	= ✻
niebla	= ≡	helada	= H
lluvia	= ⫽	chubasco	= ⫽

		richtig	*falsch*
1	En Andalucía hemos tenido un tiempo fantástico, cielo azul y sin una nube.	☐	☐
2	En Extremadura ha llovido algunas veces, pero sólo unos minutos y muy fuerte.	☐	☐
3	Cuando llegamos a Castilla la temperatura baja tanto que al día siguiente todo está blanco.	☐	☐
4	Se dice que en Galicia llueve mucho, pero nosotros sólo hemos tenido sol.	☐	☐
5	Abrimos los paraguas al pasar a Asturias. ¡La España Verde!	☐	☐
6	... Y no los cerramos hasta entrar en Aragón. El termómetro marca cinco grados bajo cero.	☐	☐
7	Bajamos hacia La Mancha, la patria de Don Quijote. Ahora entendemos por qué hay tantos molinos de viento.	☐	☐
8	En Valencia tenemos muchas tormentas, pero no hace frío.	☐	☐
9	Al llegar a Cataluña el cielo se cubre totalmente.	☐	☐
10	Hoy llegamos al País Vasco. No llueve, pero hay mucha niebla.	☐	☐

Aufgabe 9

Diktat
Setzen Sie die fehlenden Wörter in die Lücken ein.

– ¿Estás estudiando?
○ Sí.
– ¿Vas al colegio o a la universidad?
○ A la universidad.
– Eh ... Cuando no ______________ [1] a clase, ¿te ______________ [2] en casa o vas con los amigos?
○ Durante la semana me suelo quedar en casa. Los fines de semana voy con los amigos.
– ¿ ______________ [3] mucho tiempo a estudiar?
○ Sí, bastante.
– ¿Qué haces cuando estás fuera de casa?
○ Me gusta ir a tomar cervezas con mis amigos, ir al cine o al teatro.
– ¿ ______________ [4] algún deporte?
○ Sí.
– ¿Los domingos a qué los ______________ [5]?
○ Por la mañana me ______________ [6] levantar más tarde que los demás días. Eh ... luego, o ______________ [7] el periódico o me voy a dar un paseo.

– En vacaciones, ¿cuál es tu actividad?

○ Me ____________[8] viajar. Intento salir siempre fuera de España.

– ¿Haces algún trabajo con el que conseguirte algún dinero?

○ Sí, ahora mismo doy clases a niños pequeños y estoy haciendo trabajos ayudando a una empresa de jardines.

– ¿ ____________[9] en tu casa?

○ Sí, lo que ____________[10].

Aufgabe 10

Tragen Sie die Namen der Körperteile ein.

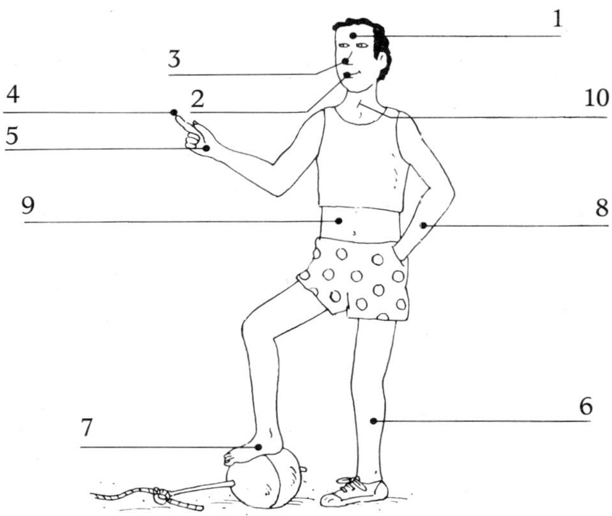

1 ____________	6 ____________
2 ____________	7 ____________
3 ____________	8 ____________
4 ____________	9 ____________
5 ____________	10 ____________

Fakultative Aufgaben

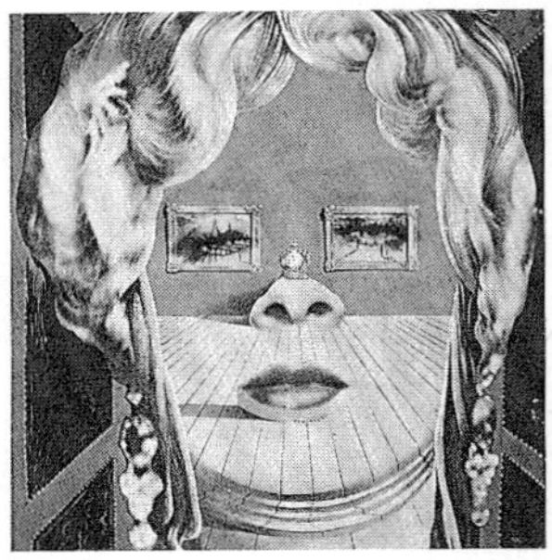

A) *Mündliche Einzelprüfung*
Kontrolle der Sprechfertigkeit

- Ruegue al alumno que contemple este cuadro de Dalí. Pregúntele en primer lugar si le gusta o no. ¿Por qué?
- Anímele a interpretar los símbolos ocultos en la pintura y déjele que explique lo que a su parecer representan. (Puede contradecirle y obligarle así a perfilar más las ideas).
- El alumno podría señalar después diferencias entre la pintura clásica y la moderna y exponer sus puntos de vista y preferencias.
- Pregúntele si conoce a otros pintores españoles modernos (Picasso, Miró ...) y haga que exponga lo que sepa al respecto.
- ¿Le gusta pintar al alumno? En caso positivo, ¿qué pinta? En caso negativo, ¿cómo era la clase de dibujo en su colegio? ¿Le gustaba al profesor la pintura moderna?
- ¿Ha visto el alumno alguna exposición de pintura? ¿Cómo era la última? ¿Por qué le gustó/no le gustó?

B) *Schriftliche Einzelprüfung*
Kontrolle der Schreibfertigkeit

Sie haben schon ein ganzes Jahr in Spanien gelebt. Nun ist wieder Weihnachten. Sie wollen Ihren Freunden einen Rundbrief schreiben und über die verschiedenen Jahreszeiten in Spanien berichten. Erzählen Sie zum Beispiel:

- Wie der Winter in Ávila ist, wo Sie seit zwei Monaten leben. Erklären Sie ihnen, warum es in Castilla folgendes Sprichwort gibt: «nueve meses de invierno y tres de infierno».
- Wie schön es im Frühling im Süden war. Ob es im April viel regnete.
- Warum es im Sommer so trocken war und wo Sie Ihre Sommerferien verbrachten.
- Erzählen Sie, daß es im Herbst sehr viele Weinfeste gibt, und was man dort erlebt.

Aufgabe 1

Kreuzen Sie die richtige Ergänzung an.

1 *Juan:* «Hola, Carlos ... Mira, te presento a Anita.»
a) Carlos no conoce a Anita.
b) Anita es amiga de Carlos.
c) Carlos no sabe que ha llegado Anita.

2 *Doña Carmen:* «¿Han llamado a la puerta?»
a) Doña Carmen no sabe en qué puerta han llamado.
b) Doña Carmen pregunta si alguien ha abierto la puerta.
c) Doña Carmen no sabe si ha oído bien.

3 *Madre:* «Luis, ¿quieres poner la mesa?»
a) La madre no sabe dónde está la mesa.
b) La madre quiere comer.
c) Luis tiene que buscar un sitio para la mesa.

4 *Padre:* «Niños, ¿queréis poner los platos en su sitio?»
a) El padre no encuentra los platos.
b) Los niños tienen que cenar en otro sitio.
c) Los niños tienen que recoger los platos.

5 *Cristina:* «El cuarto de estar tiene moqueta y todo, ¿sabes?»
a) El cuarto de estar tiene también moqueta.
b) En el cuarto de estar hay de todo.
c) Todos están en el cuarto de estar.

6 *Mercedes:* «Pilar viene en seguida. Está aparcando el coche.»
a) Pilar va a venir en coche.
b) Pilar ha ido a buscar su coche.
c) Pilar busca un sitio para dejar su coche.

7 *Señor Martín:* «No, por ahora no queremos vender el coche.»
a) El señor Martín piensa vender el coche más tarde.
b) El señor Martín piensa que es muy tarde para vender el coche.
c) El señor Martín no desea vender pronto el coche.

8 *Eva:* «He puesto mi jersey nuevo en el armario del dormitorio».
a) Eva se pone el jersey porque hace frío.
b) Eva guarda su jersey en un armario.
c) Eva encuentra su jersey en el dormitorio.

9 *El director:* «Pase, señor Domínguez, la puerta está abierta.»
a) El señor Domínguez no necesita abrir la puerta.
b) El señor Domínguez no puede abrir la puerta.
c) El señor Domínguez no quiere cerrar la puerta.

10 *Anita:* «Van a venir unas diez personas. Así que cuantas más empanadas, mejor.»
a) A lo mejor traen muchas empanadas.
b) Anita piensa que es mejor si hay muchas empanadas.
c) Anita cree que han hecho demasiadas empanadas.

Aufgabe 2

Lesen Sie aufmerksam den Text.
Kreuzen Sie dann die Aussagen zum Text als richtig oder falsch an.

Alicia Ruiz va a casarse la semana que viene en Zaragoza. Los padres de su novio, que ganan bastante dinero con una tienda de antigüedades, han regalado a los jóvenes un piso en el centro de la ciudad. Aunque el edificio tiene casi cien años, el piso está completamente modernizado. Lo que más le gusta a Alicia es que no tienen portero automático, sino una auténtica portera, la señora Ramona, muy querida por todos los que viven en la casa. Desde hace unos días la señora Ramona es además una persona muy famosa en el barrio. Un periódico ha publicado su nombre en relación con *(in Verbindung mit)* un robo. Esta es la historia:

Sobre las diez de la mañana del pasado día 15 entraron dos hombres con un frigorífico para la señorita Ruiz. «¿Para la señorita Ruiz?», pensó Ramona. Pero si ya tienen uno ... «¿Y por qué llevan una mochila tan grande?». «Cuánto lo siento», dijo la portera, «mi marido tiene las llaves del piso, pero no vuelve hasta las 11. Dejen ustedes aquí mismo el frigorífico y vuelvan dentro de una hora.»
Los dos hombres se fueron bastante nerviosos. Ramona abrió la nevera y encontró radios, casetes, relojes ... Ramona pensó en la noticia del robo en los Grandes Almacenes que escuchó media hora antes y avisó a la policía.
Cuando volvieron los «repartidores», Ramona les presentó a dos inspectores de policía. «Estos porteros antiguos funcionan mejor que los automáticos», comentaron.

	richtig	*falsch*
1 Alicia Ruiz va a Zaragoza para casarse.	☐	☐
2 El novio ha regalado un piso a su novia.	☐	☐
3 La señora Ramona es una portera automática.	☐	☐
4 Todos conocen a la señora Ramona.	☐	☐
5 La señora Ramona ha cometido recientemente un robo.	☐	☐
6 «Traemos este frigorífico para la señorita Ruiz», dijeron los hombres.	☐	☐
7 La señora Ramona no sabe si Alicia tiene ya un frigorífico.	☐	☐
8 La portera no quiere abrir el piso con las llaves de su marido.	☐	☐
9 Los ladrones quieren esconder el frigorífico en el piso de Alicia y marcharse después con las cosas en la mochila.	☐	☐
10 Los ladrones no cuentan con que la portera ha llamado a la policía.	☐	☐

Aufgabe 3

Kreuzen Sie die richtige Ergänzung an.

1 Un jersey rebajado es un jersey
   a) de mala calidad.
   b) que antes ha costado más.
   c) que tiene demasiados adornos.

2 En una tienda de deportes se pueden comprar
   a) zapatillas para nadar.
   b) zapatillas para la nieve.
   c) zapatillas de tenis.

3 Los puestos de socorro están para
   a) prestar los primeros auxilios.
   b) informar sobre el tráfico.
   c) ayudar a la gente a buscar hotel.

4 Juan frenó en seco para
   a) llegar a tiempo.
   b) evitar un choque.
   c) lavar el coche.

5 Beatriz esconde el dinero porque
   a) tiene que pagar las entradas.
   b) el banco está cerrado.
   c) ya han robado una vez en el piso.

6 Es mejor prevenir que
   a) llegar.
   b) curar.
   c) soñar.

7 Don Francisco Pinzón lleva 15 años en la empresa, es decir,
   a) entró en la empresa hace 15 años.
   b) entró en la empresa con 15 años.
   c) la empresa de don Francisco existe desde hace 15 años.

8 Don Ramón: «¡Qué frío hace! Hasta mañana no vuelvo a salir de casa.»
   a) Don Ramón vuelve a casa por la mañana.
   b) Don Ramón se queda en casa.
   c) Don Ramón regresa mañana a casa.

9 Marisa: «Maribel, ¿dónde ponemos la nevera?»
Maribel: a) «Aquí, en el cuarto de baño.»
   b) «Aquí, en el cuarto de estar.»
   c) «Aquí, en la cocina.»

10 Todos, menos Pablo, se ponen a trabajar.
   a) Pablo trabaja menos que los demás.
   b) Pablo no trabaja.
   c) No hay trabajo para todos. Sólo Pablo encuentra trabajo.

Aufgabe 4

Vervollständigen Sie die Antworten. Setzen Sie die richtige Imperativform der folgenden Verben ein!

sacar venir decir abrir
parar esperar hacer tener
mirar pelar

1 ¿Puedo pasar mañana por su casa?
– Sí, pero ______ usted antes de las 10.

2 ¿Su carnet de conducir, por favor?
– ______ usted, aquí lo tiene.

3 ¿Puedo entrar, papá?
– Sí, pero no ______ ruido, por favor.

4 ¿Es usted el señor Mateos?
– Sí, ______ (usted), ¿qué desea?

5 ¿No tienes una cerveza más fría, Pepe?
– Sí, claro, en la nevera. ______ tú una.

6 ¿Hacemos una tortilla de patatas?
– Vale, ______ tú las patatas y yo las corto.

7 Creo que han llamado a la puerta, mamá.
– Sí, ______ y

8 ______ a ver quién es.

9 ¿Puedo hablar con su jefe?
– Sí, señor, ______ un momento. En seguida viene.

10 ¿Dónde desea usted bajarse?
– Allí, ______ usted allí en la esquina.

Aufgabe 5

Bilden Sie Sätze!

1 Don Miguel – coche – control – perder *(presente)* – contra – y – árbol – chocar *(presente)*

2 Don Miguel – cinturón – soltar *(presente)* – seguridad – vehículo – salir *(presente)*

3 convenir *(presente)* – guantera – cartera – dejar – no – coche

4 viaje – ayer – nosotros – Suiza – nuestro – realizar – soñado – decidir *(indefinido)*

5 Arturo y yo – pedir – llamar *(indefinido)* – avión – domingo – dos billetes – y – agencia

6 portera – quince – conocer *(presente)* – llevar *(presente)* – todos – años – casa – porque

7 ascensor – pequeño – subir – demasiado – como – tener que *(perfecto)* – escalera – repartidores – armario – ser

8 Fernando – buscar – ir *(perfecto)* – hermano – estación – Anita – al – a

9 poner – cosas – después de – preparar – su sitio – cena – ponerse a *(indefinido)* – María y Aída

10 vestíbulo – cajas – todavía – sin – quedar *(presente)* – montón – desempaquetar

Aufgabe 6

Setzen Sie das richtige Personalpronomen ein: «le, la, lo ...»
Zum Beispiel:

– ¿Dónde están **los platos**?
○ **Los** he puesto en el armario.

1 – ¿Has visto qué **radios** tan baratas hay en los Almacenes «La Ganga»?
○ No, no ______ he visto.

2 – Mire, aquí tiene **una falda** de la talla 40.
○ ¿No ______ tiene de otro color?

3 – ¿Quién lleva a mi **madre** a la estación?
○ Yo ______ llevo.

4 – ¿Dónde puedo poner estos **vasos**?
○ ______ puedes poner ahí, en la mesa.

5 – ¿Conoce usted a todos los **profesores**?
○ Sí, ______ conozco a todos.

6 – Me gustaría mucho conocer a tu **novia**.
○ Pues mira, esta noche ______ puedes conocer en la fiesta.

7 – ¿Has hecho tú las **tortillas**?
○ No, ______ ha hecho María.

8 – Beatriz escondió el **pasaporte** en el horno.
○ ¿Dónde ______ escondió?

9 – ¿Me dejas las **llaves** del coche?
○ ¡Pero si ______ tienes tú!

10 – ¿Conoces a Anita?
○ No, no ______ conozco.

Aufgabe 7

Ordnen Sie zu!
Die Fragen werden vorgelesen.

nada alguna alguien ningún otro nadie algunas ninguna algunos nunca

1 No, señor, ______________.

2 No, señora, pero ______________ viajeros bajan en Valdemoro.

3 Lo siento, no nos queda ______________.

4 No, no tengo ______________.

5 ______________, ni una sola botella.

6 No, ______________ he estado en Madrid.

7 No, ______________ veces vamos al cine.

8 ¿______________ más?

9 Mucho no, pero no tengo ______________ día libre.

10 No, qué va, ______________ tarde puedes venir a verme.

Aufgabe 8

Die Fragen dazu werden vorgelesen.
Sehen Sie sich die Abbildungen genau an.
Kreuzen Sie dann die Aussagen als richtig oder falsch an.

	richtig	*falsch*
1 a) Sí, en el dibujo 2 hace más calor.	☐	☐
b) No, en el dibujo 1 hace más calor.	☐	☐

2 a) Sí, las otras son más caras.	☐	☐
b) No, las más baratas están a la derecha.	☐	☐

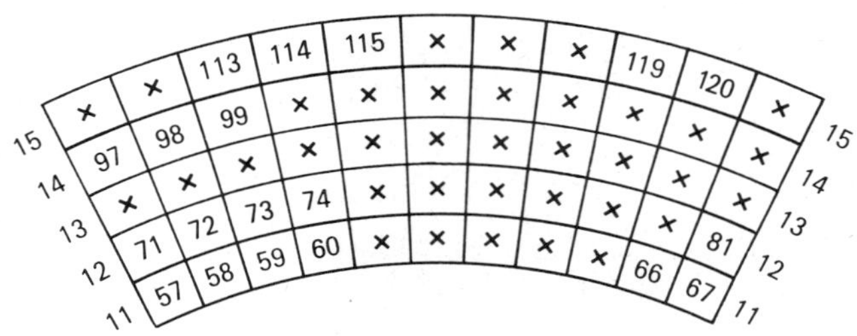

3 a) Sí, la fila 11 es la mejor.	☐	☐
b) No, en la fila 15 hay mejores, pero más caras, claro.	☐	☐
4 a) La población de Caracas es menor que la de Madrid.	☐	☐
b) Madrid tiene menos habitantes que Caracas.	☐	☐

5 a) Ana es menos alta que su madre.	☐	☐
b) La madre es más baja que Ana.	☐	☐

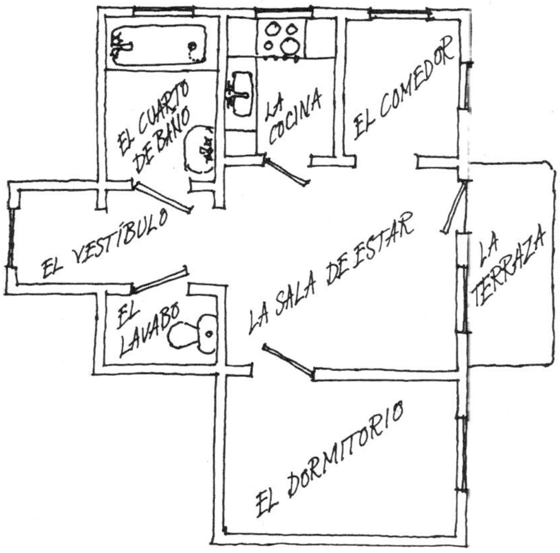

6 a) No, el dormitorio es más grande. ☐ ☐
b) Sí, las demás habitaciones son más pequeñas. ☐ ☐

7 a) Sí, la de 100 pts. es la menor de las tres. ☐ ☐
b) No, la moneda de 25 es menor. ☐ ☐

8 a) Alicia es la menor. ☐ ☐
b) Jorge es el menor. ☐ ☐

9 a) Sí, es mejor ir en primavera. ☐ ☐
b) Sí, es mejor ir en verano. ☐ ☐

10 a) Sí, Picasso y Miró no son tan famosos. ☐ ☐
b) No, Picasso y Miró no son menos famosos. ☐ ☐

Aufgabe 9

Diktat.
Vervollständigen Sie die Sätze.

1 Lo ______________ en las rebajas no es la calidad, sino el precio.

2 ¿Qué número ______________ tú?

3 No ______________ dejar objetos de valor en la guantera del coche.

4 ¿Es obligatorio llevar ______________?

5 Conchita ______________ los fines de semana para ver a sus amigos.

6 Los precios ______________ alojamiento y media pensión.

7 – ¿Conoces a Marita?
○ No, pero ______________ a su familia.

8 Yo voy a tomar una merluza. Y vosotros, ¿______________ ya?

9 Es muy tarde ... Me ______________ a la cama.

10 Marisa celebró anoche su fiesta de ______________ porque se va dos años a Venezuela.

Aufgabe 10

Sie haben letzten Sommer eine Reise durch Andalusien gemacht.
Erzählen Sie mit Hilfe folgender Verben Ihre Reise.
Benützen Sie den „Indefinido" (1. Person Plural).

«El año pasado fuimos de vacaciones a España. Pasamos tres semanas maravillosas y recorrimos casi toda Andalucía ...»

salir llegar visitar almorzar
cenar alojarse hacer
dormir quedarse continuar

Fakultative Aufgaben

A) *Mündliche Einzelprüfung*
Kontrolle der Sprechfertigkeit

- Ruegue al alumno que examine detenidamente estos dos dibujos. Aunque muy parecidos a primera vista, el alumno descubrirá de inmediato las siete diferencias que los distinguen. Insista en que explique detalladamente en qué consisten dichos errores.
- A continuación el alumno podría comparar esta habitación con la suya propia a indicar las diferencias que encuentre:
  ¿Tiene algún cuadro parecido en su habitación? ¿Fotografías? ¿De quién/es? ¿Tiene un reloj como éste, parecido, distinto, de pared ...? ¿Tiene alfombra en su habitación? ¿Cómo es el suelo? ¿Es parecido al suyo el sofá del dibujo? ¿O tiene sillones? ¿Le gusta la lámpara? ¿Es práctica para leer?
- ¿Es la habitación de una mujer o de un hombre? ¿Por qué no hay vasos? ¿Qué hay en la botella?
- ¿Conoce la revista «Hola»? ¿Y «Cambio 16»? ¿Conoce el alumno alguna revista española? ¿Ha leído recientemente algún libro de autores hispanohablantes?

B) *Schriftliche Einzelprüfung*
Kontrolle der Schreibfertigkeit

Letzten Samstag, als Sie nach Hause fuhren, wurden Sie auf der Autobahn in einen Autounfall verwickelt. Ein Auto mit einer 5-köpfigen Familie aus Spanien stieß mit einem Lastwagen zusammen, als der Fahrer des spanischen Wagens Ihr Auto überholen wollte. Da Ihnen nichts zustieß, konnten Sie der Familie Erste Hilfe leisten, vor allem weil Sie Ihre guten Spanisch-Kenntnisse benutzen konnten.
Schreiben Sie einen Brief an Ihre Freunde und beschreiben Sie, wie alles geschah, zum Beispiel:

- Um welche Familie es sich handelte, wie diese reagierte, ob alle die Sicherheitsgurte angelegt hatten.
- Ob es in der Nähe eine Unfallstation gab und wie man sie erreichte, ob die Leute schwer oder leicht verletzt waren.
- Ob Sie die Polizei benachrichtigten, welchen Schaden das Auto hatte, ob der Abschleppkran kam.

¡Eso sí! I — ***Testaufgaben***

Aufgabe 1

Lesen Sie folgende Dialoge.
Kreuzen Sie die richtige Ergänzung an.

1 *Andrés:* Mañana tengo que recoger las entradas del teatro. ¿Me dejas dinero, Pilar?
Pilar: Cómo no. Encima de mi mesa hay 5.000 pesetas.

a) Andrés no tiene dinero.
b) Andrés quiere saber dónde ha puesto Pilar el dinero.

2 *Señor Navarro:* ¿Desde cuándo vive usted en Hamburgo?
Señor Méndez: Desde hace 15 años.

a) El señor Méndez tenía 15 años cuando llegó a Hamburgo.
b) El señor Méndez lleva 15 años en Hamburgo.

3 *Álvaro:* No conviene dejar las maletas en el coche.
Juanjo: No, nunca se sabe.

a) Juanjo quiere dejar las maletas en el coche.
b) Álvaro quiere sacar las maletas del coche.

4 *Federico:* Mañana nos vamos a Buenos Aires.
Bárbara: ¡Qué envidia! No he vuelto desde hace 10 años.

a) Bárbara estuvo 10 años en Buenos Aires.
b) A Bárbara también le gustaría ir de viaje.

5 *Enrique:* ¿Es verdad que Pepe se ha casado?
Mila: Hombre, yo misma he hablado hoy con su mujer.

a) Mila habló personalmente con la mujer de Pepe.
b) Pepe aún está soltero.

6 *Pura:* Oye, Luis. ¿sabes si quedó algo de fruta en el frigorífico?
Luis: El último melocotón se lo comió Luisito, pero nos quedan unas peras.

a) No, no tienen nada de fruta.
b) Sólo tienen peras.

7 *Vendedora:* ¿Le pongo un kilo de tomates?
Cliente: No, hoy los encuentro demasiado verdes. Los que me puso ayer eran mejores.

a) Al cliente le gustan los tomates maduros.
b) El cliente casi nunca compra tomates.

8 *Ana:* ¿Vais este año también a Mallorca?
Luz: Este año nos quedamos en casa. Los precios de los hoteles han subido muchísimo.

a) No, no van a un hotel. Van a una casa.
b) No van de vacaciones porque los hoteles son demasiado caros.

9 *Don Vicente:* ¿Estuvieron ustedes mucho tiempo en Lima?
Don Román: Después de tres días seguimos viaje hacia el lago Titicaca.

a) Necesitaron tres días para llegar al lago Titicaca.
b) No se quedaron mucho tiempo en Lima.

10 *Sabine:* ¿Cuándo nos va a hablar usted de Chile?
Profesor: La semana que viene. Cuando Adelaida traiga las fotos.

a) Adelaida quiere hablar de Chile en clase.
b) El profesor piensa hablar de Chile dentro de unos días.

Aufgabe 2

Ordnen Sie bitte den vorgegebenen Fragen und Aussagen die passenden Antworten zu.

1 ¿Quieres que te deje aquí mismo?

2 Pero, Teresa, ¿vienes de una vez? Vamos a llegar tarde ...

3 ¿No tenía aquí antes una peluquería la mujer de Ignacio?

4 ¿Ya no trabaja Antonio en el negocio ese de exportación?

5 ¿Cuánto dice usted que cuesta? ¿Veinticinco mil pesetas? Me parece carísimo.

6 Quisiera hablar con el director. Mi nombre es Varela, Joaquín Varela.

7 Hay que ver cuánto han subido las gambas.

8 Señora Ayarra, ¿no está su marido?

9 Ayer volvió Fernando de su viaje. ¿Has oído lo que cuenta?

10 Chile es un país muy distinto del Perú.

a) No, se fue hace un mes porque le pagaban muy mal.

b) Es verdad, ya no se puede comprar marisco.

c) Pero hombre, si el teatro empieza a las nueve ...

d) Tenga usted en cuenta que este botijo tiene casi doscientos años.

e) Si te da igual, es mejor en aquella esquina. Tengo que recoger una blusa en la lavandería.

f) Pues no me acuerdo exactamente, pero creo que estaba enfrente de la iglesia.

g) Pues lo siento mucho. Pero el jefe acaba de salir.

h) No, está almorzando hoy con un cliente, pero vuelve dentro de poco.

i) Así es. Y vas a tener ocasión de verlo cuando tratemos ese tema la semana próxima.

j) Sí, y he visto también las fotos que ha traído. Pero sus fotos no te dan una imagen real de Latinoamérica.

Aufgabe 3

Setzen Sie die entsprechende Verbform ein.

Madre: ¿Bajas mañana al pueblo?

Hijo: Sí, ¿quieres que te ______________ 1 *(hacer)* algún recado?

Madre: No, pero doña Rosalía me ha dicho que le ______________ 2 *(llevar)* una cesta de tomates.

Hijo: ¿De verdad no quieres que te ______________ 3 *(traer)* nada del supermercado?

Madre: No, gracias. Cuando ________ 4 *(venir)* tu padre el viernes pensamos ir a Málaga.
Hijo: ¡Qué bien! Me alegro de que ________ 5 *(querer/vosotros)* dar una vuelta por la ciudad. No me gusta que tú ________ 6 *(estar)* aquí en la finca todo el tiempo entre cerdos y gallinas.
Madre: Vas a ver ... Cuando ________ 7 *(tener)* el carnet de conducir voy a ponerme a vender fruta en el mercado.
Hijo: ¿Tú en el mercado? No faltaría más ... ¿Y quién va a ocuparse de la casa y a cuidarse de los animales?
Madre: ¿Ves? Quieres que ________ 8 *(salir)* de la finca, pero no quieres que ________ 9 *(trabajar)* en el pueblo. Igual que tu padre ...
Hijo: Tienes razón. ¿Y por qué no tratamos este tema cuando él ________ 10 *(volver)*? A lo mejor cambia de opinión.

Aufgabe 4

Wählen Sie das passende Verb und setzen Sie es in der richtigen Form ein. (Imperfekt? Indefinido?)

ser llamarse decir saber tener volver pasar estar hablar decidir

Yo ________ 1 con mis padres a España cuando ________ 2 siete años. En Coria del Río – así ________ 3 nuestro pueblo – mis padres ________ 4 mucho tiempo en el paro. Por eso ________ 5 emigrar a Alemania. Ellos no ________ 6 que la vida, el clima y la gente ________ 7 tan diferentes, y los primeros meses lo ________ 8 fatal, mi madre principalmente. Hace años me ________ 9 unos amigos que yo ________ 10 muy bien alemán antes de regresar. Pero ahora sólo me acuerdo de algunas palabras.

Aufgabe 5

A) Setzen Sie die entsprechenden Pronomen ein.

me te se nos lo la los las

1 *Rosario:* Mira, papá, aquí tengo las fotos que hice en París. ¿Quieres que ________ ________ enseñe?

2 *Conchi:* ¡Me encanta la jarra esa de flores! ¿No ________ ________ compras, Pepe?

3 *Encarna:* Si quieres ________ ________ puedes regalar a tu jefe, pero a mí este plato no me gusta nada.

4 *Arturo:* Sí, nos quedamos con los vasos. ¿________ ________ puede usted enviar hoy al doctor Ballesteros? Aquí tengo la dirección.

B) Wählen Sie das richtige Pronomen.

algún alguno alguna ningún ninguno ninguna

5 *Rosario:* Tengo que ir a un dentista. ¿Conoces ________ bueno?

6 *Conchi:* Mañana es el cumpleaños de Arturo y no tengo ________ regalo para él.

7 *Encarna:* ¿Has estado ________ vez en esa tienda? Tienen cosas preciosas.

C) Wählen Sie das richtige Pronomen und setzen Sie es ein.

este esta ese esa aquel aquella

8 *Rosario:* Mira, aquí en ________ foto estoy con Luis y Sabina, ¿te acuerdas de ellos?

9 *Conchi:* ¿Ves ________ coche que está ahí delante del banco? Es un regalo para Pepe, ¿qué te parece?

10 *Encarna:* No, peras no quiero, han subido mucho. Pero me pone un kilo de melocotones. Sí, de ________ que están allí detrás de los melones.

Aufgabe 6

Welche der drei Verbformen ist die richtige? Setzen Sie sie in die Lücken ein.

1 *Madre:* ¿Por qué no viene tu hermano a desayunar?
Hija: Porque se ________.
a) ha duchado
b) está duchando
c) duchaba

2 *Madre:* ¿Todavía estás aquí, hija? ¿A quién esperas?
Marisa: A Pablo, como siempre ... Pero hoy ________ demasiado.
a) tardó
b) tardaba
c) está tardando

3 *Pablo:* Si quieres, podemos ir esta noche a cenar a ese restaurante nuevo de la calle Betis.

Marisa: ¡Ay, no! Me ________ Rafael que es carísimo.
a) ha dicho
b) decía
c) está diciendo

4 *Pablo:* ¿Quién ________ la jarra que te traje de Talavera?
a) rompía
b) está rompiendo
c) ha roto
Marisa: Agustina, hijo. Ya sabes lo patosa que es.

5 *Pablo:* ¿Qué te ha regalado tu jefe?
Marisa: No sé. Aún no ________ el paquete.
a) he abierto
b) estoy abriendo
c) abría

6 *Marisa:* ¿Me ayudas, por favor, a recoger la ropa?
Padre: No, ahora no puedo. ¿No ves que ________ por teléfono?
a) hablaba
b) he hablado
c) estoy hablando

7 *Madre:* ¿Todavía no te ________ la mantilla que te trajo Pablo?
a) has puesto
b) ponías
c) estás poniendo
Marisa: Sí, mujer. Me la puse en la boda de Conchita, ¿No te acuerdas?

8 *Pablo:* ¿No trabajaba Miguel hace años en esta cafetería?
Marisa: Sí, pero se fue porque no ____________ mucho.
a) están pagando
b) pagaban
c) han pagado

9 *Pablo:* ¿Sabes que Ramón vendió el negocio?
Marisa: No, no lo ____________. ¿Y qué hace ahora?
a) estaba sabiendo
b) he sabido
c) sabía

10 *Marisa:* ¿Sabes algo del tío Agustín?
Pablo: No, hace tiempo que no sé nada. Antes me ____________ siempre una vez al mes, pero ahora tiene demasiado trabajo.
a) ha escrito
b) escribía
c) está escribiendo

Aufgabe 7

Sie finden zu den 10 Fragen, die Ihnen vorgelesen werden, jeweils zwei Antworten. Jede Frage wird zunächst einmal gestellt.
Suchen Sie die richtige Antwort. Dann wird die Frage wiederholt.
Kreuzen Sie anschließend die richtige Antwort an.

1 a) No, en el supermercado no hay fruta.
b) Sí, los productos son mejores y más frescos.

2 a) Los miércoles y los sábados por la mañana.
b) Hace ocho años que tengo aquí mi puesto.

3 a) No, no tuve tiempo.
b) No, yo no. Mi hermano era dentista.

4 a) Iba siempre a pescar con mi padre.
b) Visité por la mañana a la tía Carmen.

5 a) Hace una semana en Barcelona.
b) Cuando vuelva de Barcelona.

6 a) Sí, primero quiero ir a la peluquería.
b) No, primero quiero ir a Correos.

7 a) Porque Pablo quiere que compremos uno nuevo.
b) Porque el autobús tardaba demasiado.

8 a) No, lavamos los lunes por la tarde.
b) No, sólo cuando hacemos alguna excursión.

9 a) Sí, claro. La menor de las tres.
b) No, la primera es mi tía.

10 a) Ahora no puedo. Mañana te lo preparo.
b) Sí, muy bien. Pasado mañana te lo preparo.

Aufgabe 8

Es wird ein Brief von Dieter an Javier vorgelesen. Kreuzen Sie dann folgende Aussagen als richtig oder falsch an.

	richtig	*falsch*
1 Dieter no puede ir a la boda.	☐	☐
2 Dieter llegó el sábado de Buenos Aires.	☐	☐
3 Dieter está muy contento con el nuevo jefe.	☐	☐
4 El nuevo jefe conoce muy bien la mentalidad argentina.	☐	☐

5 En la Oficina Central tienen muchos problemas. ☐ ☐

6 Dieter vivió un mes en Argentina. ☐ ☐

7 Dieter no quiere ir esta vez a Buenos Aires. ☐ ☐

8 Dieter compró en Argentina un regalo para Javier. ☐ ☐

9 Pero el regalo se rompió por el camino. ☐ ☐

10 Javier es un primo de Dieter. ☐ ☐

Aufgabe 9

Diktat.
Setzen Sie die fehlenden Wörter in die Lücken ein.
Der Text wird zweimal vorgelesen.

Aus dem Tagebuch eines Schülers

Miércoles 27
Hoy ha estado en clase de Ciencias ______________[1] Raúl, el amigo peruano de Monika. Aquí en Alemania no parece ______________[2], porque es rubio y alto. Nos habló primero de su familia, de su madre alemana y de su padre ______________[3] que trabaja como maestro en un poblado ______________[4] cerca de ______________[5]. Nos ______________[6] mucho, por ejemplo, ______________[7] nos contó sobre «Sendero Luminoso», nombre de un grupo ______________[8] terrorista. Y sobre la pobreza, el analfabetismo y otros muchos problemas. Sí, realmente conocemos los ______________[9] turísticos del Perú, pero no la otra ______________[10] de la moneda.

Aufgabe 10

Übersetzen Sie.

1 Es ist verboten, die Tiere zu füttern.
2 Gestern versprach ich meiner Mutter, mir die Haare schneiden zu lassen.
3 Burgos ist viel größer, als ich dachte.
4 Und Dein Vater … ist er weiterhin in derselben Schreinerei?
5 Guten Tag, wir haben ein Buch über Peru im Schaufenster gesehen. Zeigen Sie es uns bitte?
6 Ich werde sie heute noch anrufen. Letzte Woche konnte ich nicht mit ihr sprechen.
7 Ich schulde Maribel 4000 Peseten. Gibst Du sie ihr, wenn Du sie morgen siehst?

8 Hallo, Julia, bist Du wieder zu Hause? Ich freue mich, daß es Dir besser geht.
9 Als wir die Bilder von Kolumbien sahen, begann eine sehr lebhafte Diskussion.
10 Man muß sehr vorsichtig mit Verallgemeinerungen sein.

Fakultative Aufgaben

A) *Mündliche Einzelprüfung*
Kontrolle der Sprechfertigkeit

Una vez que haya examinado el dibujo, el alumno deberá explicar si localiza la escena en el norte o en el sur de España.
El profesor puede hacerle ver, en cualquier caso, que la matrí- cula del camión – MA – es de Málaga y preguntarle si sabe algo de Andalucía o conoce otras ciudades andaluzas.
El profesor puede rogar al alum- no que haga una descripción deta- llada tanto del paisaje como de los elementos principales que componen la escena. A continua- ción el diálogo podría girar en torno a los siguientes puntos:

- ¿Es una casa lujosa? ¿Está en el centro del pueblo? ¿Quién cree que vive en la casa? ¿Una familia rica? ¿Se imagina el alumno cómo viven, en qué trabajan? ¿Por qué tienen gallinas y cerdos?
- ¿Qué lleva el camionero en el camión? ¿Ha conducido el alumno alguna vez un camión como éste? ¿Sabe el alumno lo que significa la palabra EBRO?
- ¿Hay muchos campesinos en la región donde él vive? ¿Le gustaría al alumno vivir en un sitio como éste durante todo el año? ¿Por qué? ¿Cuáles son las ventajas y cuáles los inconvenientes de la vida en el campo? ¿Y cuáles son los de la vida en la ciudad?

B) *Schriftliche Einzelprüfung*
Kontrolle der Schreibfertigkeit

Nach fast 20 Jahren kehren Sie an den Ort zurück, an dem Sie zur Schule gegangen sind. Alles hat sich sehr verändert. Doch Sie treffen viele Menschen, die dort geblieben sind. Zum Beispiel Herrn Baldewein, einen alten Lehrer, den Sie besonders mochten. Er erzählt Ihnen vieles über die vergangenen Jahre.

Schreiben Sie einen Brief an Ihren besten Schulfreund und erzählen Sie zum Beispiel:

- Wann und warum Sie zurückgekommen sind. Wie lange Sie bleiben werden.
- Was sich alles verändert hat. Welche Läden verschwunden sind und wie viele neue Geschäfte es jetzt in der Hauptstraße gibt. Was mit der Schreinerei Ihres Onkels geschehen ist und was aus ihm geworden ist.
- Erzählen Sie, was Sie über Ihre alten Schulkameraden erfahren haben und über die Leute, die Sie wiedergetroffen haben.

Kontrolleinheit I/ Lektion 1 - 5

Aufgabe 1
Lernziel: Fragewörter (§§ 127 - 128)
Fertigkeit: Leseverstehen - Schreibfertigkeit

1 c) Cómo - 2 b) Quién - 3 b) Qué - 4 a) Dónde - 5 c) Cuántos - 6 c) De dónde - 7 b) Cuántas - 8 b) Quién - 9 b) qué - 10 c) Cómo

Aufgabe 2
Lernziel: Wortschatz (Adverbien, Präpositionen)
Fertigkeit: Leseverstehen

1 más - 2 solamente - 3 mucho - 4 ahí - 5 también - 6 menos - 7 además de - 8 bien - 9 muy - 10 Después de

Aufgabe 3
Lernziel: Wortstellung
Fertigkeit: Leseverstehen

1 a) - 2 b) - 3 a) - 4 a) b) - 5 b) - 6 b) - 7 a) b) - 8 a) - 9 b) - 10 a) b)

Aufgabe 4
Lernziel: Wortschatz (Substantive)
Grundzahlen (§ 20)
Fertigkeit: Leseverstehen - Schreibfertigkeit

1 jueves - 2 Baleares - 3 moneda - 4 periódico - 5 revista - 6 sello - 7 cinco - 8 Alemania - 9 este - 10 oeste

Aufgabe 5
Lernziel: está, están (§§ 82, 54 - 56)
soy, es, son (§§ 93, 54, 56)
hay (§ 53)
Fertigkeit: Leseverstehen - Schreibfertigkeit

1 está - 2 es - 3 está - 4 Es - 5 Hay - 6 soy - 7 están - 8 hay - 9 Son - 10 están

Aufgabe 6
Lernziel: Bestimmter und unbestimmter Artikel, Singular und Plural, maskulin und feminin (§§ 1, 3, 5 -7)
Fertigkeit: Leseverstehen - Schreibfertigkeit

1 el - 2 —— - 3 uno/uno - 4 Los/——/ los - 5 una - 6 los/la - 7 Un/la - 8 El/un - 9 Los/—— - 10 ——

Aufgabe 7
Lernziel: Präsens von *estar* (§§ 82, 54 - 56)
Adjektivdeklination, Singular und Plural (§§ 15 - 17)
Präsens der regelmäßigen Verben auf *-ar* (§ 24)
Wortschatz (Alltagsdialoge)
Fertigkeit: Leseverstehen

1 c) Buenos - 2 c) muchas - 3 b) muchos - 4 a) estás - 5 c) muchos - 6 a) Llega - 7 b) bonita - 8 b) están - 9 c) servicios - 10 c) viajo

Aufgabe 8
Lernziel: Präpositionen (§§ 136 - 138)
Fertigkeit: Leseverstehen

1 a - 2 sin - 3 en - 4 entre - 5 por - 6 en - 7 En - 8 para (a) - 9 hasta - 10 De

Aufgabe 9
Lernziel: Wortschatz (Alltagsdialoge)
Fertigkeit: Hörverstehen - Leseverstehen

1 Tú hablas sólo castellano, ¿verdad, Carmen?
1 b) No, castellano y gallego.
2 ¿Qué lleva usted en la mochila ?
2 c) Ropa y libros.
3 ¿Se llama usted Santander?
3 c) No, me llamo Burgos, Antonio Burgos.
4 ¿Quién es el señor Mariñas?
4 b) Es el profesor de español.
5 ¿La puerta número 3, por favor?
5 c) Ahí está.
6 ¿Dónde compra usted «El País»?
6 a) En el quiosco.
7 La capital de Perú se llama Quito, ¿no?
7 a) No, se llama Lima.
8 La República Dominicana exporta principalmente azúcar, café y cacao.
8 b) ¿Y qué importa? [8 a) No sé.]
9 ¿Cuántos sellos necesitas?
9 c) Uno para Alemania y dos para Suiza.
10 María trabaja en una perfumería.
10 a) ¿Y su madre también?

Aufgabe 10
Lernziel: Wortschatz
Fertigkeit: Schreibfertigkeit - Hörverstehen

Diktat
1 En España hay **playas** muy bonitas.
2 Las **montañas** también son famosas.
3 Por ejemplo la **Sierra** Nevada.
4 La República Dominicana **exporta** azúcar, oro y plata.
5 ¿Su **lugar/fecha** de nacimiento, por favor?
6 En la bolsa hay solamente un **frasco** de perfume.
7 ¿Y cuántos **paquetes** de cigarrillos?
8 No, mi **madre** se llama Maite.
9 Sabina es una **chica** de Oviedo.
10 El Camino de Santiago es un camino **religioso-turístico.**

Kontrolleinheit II/ Lektion 6 -10

Aufgabe 1
Lernziel: Wortschatz (Adverbien, Präpositionen, Konjunktionen)
Fertigkeit: Leseverstehen

1 Ya (Ahora) - 2 antes de - 3 donde - 4 Cerca - 5 también - 6 Cuando - 7 todavía - 8 ahora - 9 durante - 10 Por eso

Aufgabe 2
Lernziel: Adjektivdeklination (§§ 15 - 16)
Fertigkeit: Leseverstehen

1 Un trabajo aburrido/ importante/ enorme/ largo - 2 Una cena rica/ importante/ enorme/ larga - 3 Un autobús amarillo/ enorme/ largo - 4 Una ciudad industrial/ aburrida/ enorme/ americana/ rica/ importante - 5 Un taxista amable - 6 Una película americana/ aburrida/ larga/ importante - 7 Una noticia importante - 8 Una calle estrecha/ enorme/ importante - 9 Un apellido largo/ importante - 10 Un tráfico enorme

Aufgabe 3
Lernziel: Wortschatz (Substantive)
Fertigkeit: Leseverstehen

1 cena – 2 martes – 3 turista – 4 Valencia – 5 mar – 6 malo – 7 parada – 8 compráis – 9 ¡qué pena! – 10 Santander

Aufgabe 4
Lernziel: Präsens der regelmäßigen Verben auf *-ar* (§ 24)
Fertigkeit: Leseverstehen – Schreibfertigkeit

1 trabajas – 2 busco – 3 gana – 4 Necesitáis – 5 necesitamos – 6 faltan – 7 preguntas – 8 hay – 9 sé – 10 prepara

Aufgabe 5
Lernziel: Präsens der regelmäßigen Verben auf *-ar* (§ 24)
Präsens von *ir* (§ 85)
Fertigkeit: Leseverstehen – Schreibfertigkeit

1 está – 2 va – 3 ir – 4 tomar – 5 van – 6 vamos – 7 pesan – 8 estamos – 9 Hay – 10 voy

Aufgabe 6
Lernziel: Fragen Stellen
Fertigkeit: Leseverstehen – Schreibfertigkeit

1 ¿Cómo se llama usted? – 2 ¿Vive usted en Madrid? – 3 ¿Habla usted vasco? – 4 ¿Qué hay para cenar? – 5 ¿Desea usted una habitación? – 6 ¿Para cuánto tiempo/ cuántas noches? – 7 ¿Está lejos el hotel La Rábida? – ¿Cómo se llama esto en español? – 9 ¿Cuantas paradas hay hasta la estación? – 10 ¿Cómo está usted?

Aufgabe 7
Lernziel: Wortschatz (Substantive)
Fertigkeit: Leseverstehen – Schreibfertigkeit

1 el comedor – 2 la televisión – 3 un rincón – 4 una mesa – 5 la librería – 6 (unas) fotos – 7 un reloj – 8 ventanas – 9 una alfombra – 10 sillas

Aufgabe 8
Lernziel: Wortschatz (Einstellungsgespräch)
Fertigkeit: Hörverstehen – Leseverstehen

(Cassette 1, Lektion 10, HV-Text: ¿Busca usted trabajo?)

– Buenos días.
○ Buenos días, señorita. ¿Qué desea?
– Soy Luisa Hernández y busco trabajo.
○ ¿Fernández? ¿Luisa?
– No, Hernández. Con hache.
○ Ah, sí. ¿Usted trabaja ahora...?
– Sí, soy cajera en un banco.
○ Qué banco es?
– El banco de Santander.
○ ¿Y qué lenguas habla usted?
– Hablo español y catalán.
○ Muy bien, señorita Hernández. ¿Y el número de su carnet de identidad, por favor?
– Un momento... Aquí está: es el 7683570.
○ Gracias, gracias.

Richtig: 1 – 3 – 5 – 7 – 9 – 10
Falsch: 2 – 4 – 6 – 8

Aufgabe 9
Lernziel: Grundzahlen (§ 20)
Fertigkeit: Hörverstehen – Schreibfertigkeit

Hörverstehenstext
9 – 11 – 7 – 6 – 13 – 15 – 17 – 5 – 19 – 20

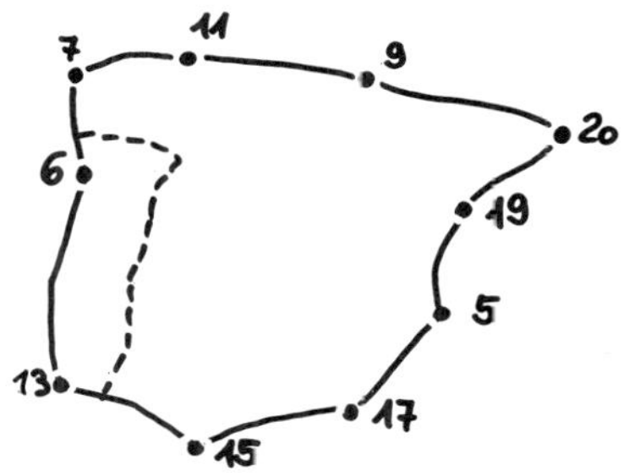

5 = cinco
6 = seis
7 = siete
9 = nueve
11 = once
13 = trece
15 = quince
17 = diecisiete
19 = diecinueve
20 = veinte

Aufgabe 10
Lernziel: Wortschatz (Dialog über Madrid)
Fertigkeit: Schreibfertigkeit – Übersetzung

1 Sabine Findeisen llega al aeropuerto de Madrid para trabajar aquí unos meses en un museo.
2 ¡Qué grande es Madrid y cuánto tráfico hay!
3 «Sí, Madrid es la ciudad más grande de España», dice el taxista.
4 «Tiene más de cuatro millones de habitantes
5 y como en todas las ciudades grandes el tráfico aquí es enorme».
6 «Pero, como veo, hay también muchas zonas verdes, ¿no?»
7 «Sí, claro. El Parque del Retiro, por ejemplo, está cerca de aquí».
8 El taxista no encuentra el hotel Murillo. Saca el plano de Madrid.
9 «Perdone, señorita, pero el hotel que usted busca se llama ahora hotel Princesa y está allí en la esquina, enfrente de la farmacia».
10 «Gracias, muchas gracias. Es usted muy amable».

Kontrolleinheit III/ Lektion 11 - 15

Aufgabe 1
Lernziel: Wortschatz
Fertigkeit: Leseverstehen

Richtig: 3 - 5 - 8 - 10
Falsch: 1 - 2 - 4 - 6 - 7 - 9

Aufgabe 2
Lernziel: Wortschatz (Alltagsdialoge)
Fertigkeit: Leseverstehen

1 c) - 2 a) - 3 b) - 4 a) - 5 a) - 6 b) - 7 c) - 8 a) - 9 b) - 10 c)

Aufgabe 3
Lernziel: Präpositionen (§§ 136 - 138)
Fertigkeit: Leseverstehen

1 en - 2 de - 3 En - 4 de - 5 para - 6 a - 7 Para - 8 a - 9 de - 10 en

Aufgabe 4
Lernziel: Perfekt der regelmäßigen Verben auf *-ar* (§ 35)
Perfekt von *ir* (§ 85)
Perfekt von *ser* (§ 93), *haber* (§ 83), *tener* (§ 94)
Fertigkeit: Leseverstehen - Schreibfertigkeit

1 He estudiado - 2 hemos estado - 3 he cambiado - 4 habéis cenado - 5 ha ido - 6 Han tenido - 7 Ha habido - 8 he trabajado - 9 hemos hablado - 10 ha sido

Aufgabe 5
Lernziel: Personalpronomen (§ 103)
Fertigkeit: Leseverstehen - Schreibfertigkeit

1 usted - 2 ustedes - 3 yo - 4 Ella - 5 usted - 6 Él - 7 nosotras - 8 vosotras - 9 Tú - 10 nosotros

Aufgabe 6
Lernziel: Präsens von *estar* (§§ 82, 55 - 56)
Präsens von *ser* (§§ 93, 54, 56)
Hay (§ 53)
Fertigkeit: Leseverstehen

1 estáis - 2 es - 3 son - 4 Hay - 5 están - 6 hay - 7 está - 8 hay - 9 son - 10 estoy

Aufgabe 7
Lernziel: Wortschatz (Alltagsdialoge)
Fertigkeit: Hörverstehen - Leseverstehen

1 - Oiga, por favor, ¿sabe dónde hay un buen restaurante por aquí?
1 a) ○ Lo siento, no soy de aquí.
2 - Mira, Carmen, en la agencia de viajes «Miramar» necesitan una secretaria con experiencia. ¿Por qué no hablas con el jefe?
2 b) ○ Sí, es verdad, a ver si tengo suerte.
3 - Hola, Ricardo. Soy Andrés, estoy en Madrid.
3 a) ○ ¡Hombre, Andrés! ¡Qué sorpresa!
4 - ¿Has visto el coche nuevo del jefe?
4 a) ○ Sí, ¡vaya coche!
5 - ¿Ha sido interesante la clase del señor Prieto?
5 a) ○ No, un rollo.
6 - Lo siento, sólo tengo entradas en la fila 20.
6 b) ○ No importa, déme cuatro.
7 - María no ha llamado hoy por teléfono.
7 a) ○ ¿Y eso por qué? ¿Tiene mucho trabajo?
8 - ¿Por qué no vamos a casa de los Gómez?
8 a) ○ Bueno, si te parece...
9 - ¿Sabes adónde han ido tus padres? A ver la película del Rialto.
9 b) ○ Sí, hay gustos para todo.
10 - No, este año no voy de vacaciones. Tengo mucho trabajo.
10 a) ○ ¡Qué pena!

Aufgabe 8
Lernziel: Wortschatz
Fertigkeit: Hörverstehen - Leseverstehen

Hörverstehenstext
María Teresa Ibarra ha trabajado durante cinco años en la oficina de una agencia. Según ella, un trabajo bien pagado pero muy aburrido. Ahora trabaja en la redacción de una revista y, aunque no gana más, su trabajo es mucho más interesante. Tiene además dos días libres por semana. Bueno, libres no, porque esos dos días hace una encuesta a chicos y chicas entre 15 y 28 años. María Teresa tiene cuatro hijos mayores de 15 años, dos chicos y dos chicas. La revista desea saber, por ejemplo, qué hacen los chicos españoles durante el día: cuánto tiempo necesitan para el transporte de la casa al colegio, para hacer los deberes, para las comidas, etc. Según su encuesta y su experiencia, los chicos españoles pasan más de 7 horas en la cama, necesitan hasta una hora para ir al colegio y tienen entre 4 y 6 horas de clase.
La influencia cultural más importante para los jóvenes es la televisión (un 48%). Para estos chicos el televisor es algo muy importante. Pasan mucho tiempo, casi tres horas por día, delante del aparato. Los libros y el cine son mucho menos importantes (aproximadamente el 30%).

1 c) - 2 b) - 3 c) - 4 b) - 5 a) - 6 c) - 7 a) - 8 a) - 9 a) - 10 c)

Aufgabe 9
Lernziel: Grundzahlen (§ 20)
Fertigkeit: Schreibfertigkeit - Hörverstehen

Diktat
Se dice que la Plaza Mayor de Salamanca es la plaza más bonita de España. En **mil setecientos veintinueve**[1] se inician las obras, que se terminan **cincuenta**[2] años después. También son muy famosas las iglesias románicas, como la iglesia de San Martín, de **mil ciento tres**[3]. Junto al río destaca la iglesia de Santiago, también del **siglo doce**[4], como la Catedral Vieja.
La universidad de Salamanca tiene más de **setecientos**[5] años. En **mil quinientos noventa y seis**[6] tiene ya **setenta y tres**[7] Facultades. En la antigua biblioteca hay más de **cuarenta mil**[8] libros, y más de **ciento sesenta y cinco mil**[9] en la biblioteca moderna.
Desde Salamanca a Madrid hay **doscientos doce**[10] kilómetros.

Aufgabe 10
Lernziel: Wortschatz
Fertigkeit: Leseverstehen

1 c) - 2 b) - 3 a) - 4 c) - 5 b) - 6 b) - 7 c) - 8 a) - 9 c) - 10 c)

Kontrolleinheit IV/ Lektion 16 - 20

Aufgabe 1
Lernziel: Wortschatz (Speisekarte)
Fertigkeit: Leseverstehen

Richtig: 1 - 2 - 4 - 6 - 8 - 10
Falsch: 3 - 5 - 7 - 9

Aufgabe 2
Lernziel: Wortschatz
Fertigkeit: Leseverstehen

1 b) - 2 c) - 3 b) - 4 a) - 5 a) - 6 c) - 7 c) - 8 b) - 9 a) - 10 b)

Aufgabe 3
Lernziel: Wortschatz (Alltagsdialoge)
Fertigkeit: Leseverstehen

1 d) - 2 g) h) - 3 i) - 4 j) - 5 e) - 6 b) - 7 a) - 8 f) - 9 c) - 10 h)

Aufgabe 4
Lernziel: Wortschatz
Fertigkeit: Leseverstehen - Schreibfertigkeit

1 farmacia - 2 enfrente - 3 papelería - 4 a la izquierda - 5 lejos - 6 cerca - 7 detrás - 8 banco - 9 esquina - 10 A la derecha

Aufgabe 5
Lernziel: Präsens der regelmäßigen Verben mit Diphthong (§§ 27 - 31)
Fertigkeit: Leseverstehen - Schreibfertigkeit

1 tiene que - 2 quieren - 3 cuentas - 4 cuestan - 5 encuentro - 6 empezáis - 7 cierro - 8 podemos (puedo) - 9 Pensamos/ Queremos - 10 sientes (quieres)

Aufgabe 6
Lernziel: muy - mucho (§ 131)
hay (§ 53)
Präsens von *ser* (§§ 93, 54, 56)
Präsens von *estar* (§§ 82, 55 - 56)
Fertigkeit: Leseverstehen - Schreibfertigkeit

1 es - 2 hay - 3 muchas - 4 muy - 5 son - 6 muy - 7 son - 8 mucho - 9 mucho - 10 estar

Aufgabe 7
Lernziel: Wortschatz (eine ausländische Studentin in Spanien)
Fertigkeit: Hörverstehen - Leseverstehen

Hörverstehenstext

Madrid, 9 de octubre de 19..

Querida Pilar:
Tenemos una estudiante alemana en casa. Lleva una semana aquí en Madrid con nosotros. Los chicos no están y hay mucho sitio para ella. Es una chica muy simpática, alta, delgada y muy divertida. Tiene veinticinco años.
Ha estudiado durante el bachillerato cinco años de español.
Su madre es española, de Granada, y ha trabajado como profesora de Historia del Arte en la Universidad de Friburgo. Por eso conoce Nicole muy bien la cultura de nuestro país. ¿Sabes qué quiere estudiar? Arqueología. Ya ha estado ayer en el Museo Arqueológico para ver, como ella dice, el ejemplar más famoso de la cultura ibérica, la Dama de Elche.
Sólo tiene problemas con el horario de las comidas. A las seis de la tarde ya tiene hambre pero, claro, a esa hora no es posible cenar en España. Mañana empiezan sus clases. A ver si tiene suerte con los profesores. Creo que no vamos a tener muchos problemas con ella.
Hasta pronto.
Mari Carmen

Richtig: 2 - 5 - 6 - 10
Falsch: 1 - 3 - 4 - 7 - 8 - 9

Aufgabe 8
Lernziel: Wortschatz (Alltagsdialoge)
Fertigkeit: Hörverstehen - Leseverstehen

1 ¿Sabe usted cuándo es el cumpleaños de Carmen?
1 b) El ocho de junio.
2 ¿A cuántos estamos hoy?
2 c) A 10 de enero.
3 ¿Qué película ponen hoy?
3 a) Una de Buñuel.
4 ¿Cuesta mucho un sello para Alemania?
4 b) No, mucho no.
5 ¿Por qué no vas con nosotros de excursión?
5 c) Tengo que preparar un examen.
6 ¿Cuál es el código postal de Salamanca?
6 a) Creo que es 37002.
7 ¿De qué color desean la chaqueta?
7 c) Blanca o negra.
8 ¿Cuántas horas trabaja usted?
8 c) Cuarenta horas a la semana.
9 ¿Qué haces después del trabajo?
9 a) Voy al cine con Marisa.
10 ¿En qué piensas?
10 b) Pienso en mi novia.

Aufgabe 9
Lernziel: Wortschatz
Fertigkeit: Schreibfertigkeit - Hörverstehen

Diktat
Son las dos de la mañana. La mayoría de los habitantes de Cebreiro, un pequeño pueblo gallego, están en la cama. Algunos **coches**[1] circulan todavía. Aunque no se ve **gente**[2] por las calles, muchos bares están abiertos y llenos de **jóvenes**[3] que toman **cervezas**[4] y refrescos. Tampoco es tarde para comer algo antes de **acostarse**[5]. «Para comer y beber algo con los amigos siempre es buena hora en España», dice Reiner.
Reiner y su amigo están haciendo el Camino de Santiago. Han **recorrido**[6] ya miles de kilómetros desde su salida de Alemania. No van a pie. Van en **bicicleta**[7] y esperan llegar a Santiago justamente el 25 de julio, la **fiesta**[8] del Apóstol. Tienen **hambre**[9] y sólo necesitan **descansar**[10].
Entran en uno de los bares y preguntan dónde hay un sitio para pasar la noche. «En mi casa», dice Agustín. «Y en mi casa también», dice Álvaro. No hay problemas. Todos tienen una cama en su casa para Reiner y su amigo.

Aufgabe 10
Lernziel: Wortschatz (Wochentage, Monate)
Fertigkeit: Schreibfertigkeit

1 martes - 2 miércoles - 3 viernes - 4 enero - 5 febrero - 6 marzo - 7 abril - 8 septiembre - 9 octubre - 10 noviembre - 11 diciembre

Kontrolleinheit V/ Lektion 21 - 25

Aufgabe 1
Lernziel: Wortschatz
Fertigkeit: Leseverstehen

Richtig: 2 - 3 - 5 - 10
Falsch: 1 - 4 - 6 - 7 - 8 - 9

Aufgabe 2
Lernziel: Wortschatz
Fertigkeit: Leseverstehen

1 b) - 2 a) - 3 a) - 4 b) - 5 b) - 6 b) - 7 a) - 8 a) - 9 b) - 10 b)

Aufgabe 3
Lernziel: Wortschatz (Synonyme)
Fertigkeit: Leseverstehen

1 c) - 2 b) - 3 c) - 4 b) - 5 a) - 6 c) - 7 c) - 8 a) - 9 b) - 10 c)

Aufgaben 4 und 5
Lernziel: Präsens der regelmäßigen Verben auf *-ar* (§ 24)
Präsens der unregelmäßigen Verben mit Diphthong (§§ 27 - 28, 30 - 31)
Präsens von *ser* (§ 93), *estar* (§ 82)
Perfekt von *ver, decir, hacer* (§ 38)
Regelmäßiger Indefinido (§ 40)
Fertigkeit: Leseverstehen - Schreibfertigkeit

1 encuentra - 2 Llamó - 3 Está - 4 Pregunta - 5 quiere - 6 suena - 7 Eres - 8 he visto - 9 ha dicho - 10 están - 11 almorzamos - 12 Tienes - 13 vuelven - 14 he hecho - 15 quedaron - 16 encontramos - 17 he estado - 18 Piensas - 19 Empezáis - 20 cerramos

Aufgabe 6
Lernziel: Wortschatz
Fertigkeit: Leseverstehen - Schreibfertigkeit

1 f) Descuelgue el auricular.
2 g) Espere la señal.
3 a) Escriba la dirección.
4 c) Cierre la puerta.
5 i) Trabaje menos.
6 e) Gire a la derecha.
7 b) Marque el 003454.
8 j) Pregunte a un guardia.
9 d) Traduzca al alemán.
10 h) Oiga las noticias.

[Folgende Lösungen wären bei diesem Test auch möglich - wenn auch weniger logisch - : 2 d) e) h) j) - 3 d) e) i) - 5 e) - 8 a) d) e) - 10 a) d) g)]

Aufgabe 7
Lernziel: Wortschatz (Alltagsdialoge)
Fertigkeit: Hörverstehen - Leseverstehen

1 ¿Qué tal el viaje?
1 a) Un poco cansado.
2 ¿Habéis tenido buen tiempo?
2 c) Los primeros días sí, después no.
3 ¿Qué vida llevas?
3 b) La misma que en Madrid.
4 ¿Te has decidido ya?
4 a) Todavía no.
5 ¿Salimos esta noche?
5 a) No, no me gusta la vida nocturna.
6 ¿Conoces a mi sobrino?
6 c) Sí, el hijo de tu hermano, ¿no?
7 ¿Cuándo comemos?
7 a) Dentro de un rato.
8 ¿A cuántos estamos hoy?
8 a) A dos de octubre.
9 ¿Cuánto tiempo te quedas en Madrid?
9 b) Seis meses.
10 ¿Qué tengo que hacer para llamar a Alemania?
10 b) Marque directamente.

Aufgabe 8
Lernziel: Wortschatz
Fertigkeit: Hörverstehen - Leseverstehen

Hörverstehenstext
El Señor Mack desea cambiar dinero para llamar por teléfono. Entra con su esposa en un bar.

Señor Mack: Por favor, ¿me puede cambiar este billete de 500 pesetas?
Camarero: No tenemos cambio, señor. Mire, allí al otro lado de la calle hay un banco.
Señor Mack: Ya sé, pero está cerrado. Es que no tengo suficientes monedas para llamar.
Camarero: Bueno, si no habla mucho tiempo, llame desde aquí. No es una llamada internacional, ¿verdad?
Señor Mack: No, no, en absoluto. Queremos llevar el coche a un taller de reparaciones. ¿Conoce usted alguno por aquí cerca? Hay algo que no funciona. El motor hace un ruido muy raro y sale un poco de humo. Es un coche bastante viejo y, como tenemos que subir todavía a Navacerrada , quizás es mejor revisar antes el motor.
Camarero: Por supuesto. Y además, si piensan subir a Navacerrada... El único problema es que hoy es sábado, y los sábados no trabajan en el taller. ¿Sabe una cosa? Si quiere, puede preguntar a mi sobrino que es mecánico y trabaja en una estación de servicio. A lo mejor no es nada importante. ¿Ve usted la gasolinera allí enfrente de la papelería? Pues pregunte allí por Paco y diga usted que ha hablado conmigo, ¿vale?
Señor Mack: Oh, sí, muchas gracias. Pero antes de ir, ¿nos pone usted dos cervezas y un poco de pan y queso? No hemos tomado nada desde las ocho.
Camarero: Ahora mismo.

Richtig: 1 - 4 - 6 - 10
Falsch: 2 - 3 - 5 - 7 - 8 - 9

Aufgabe 9
Lernziel: Indefinido der regelmäßigen Verben auf *-ar* und *-er* (§§ 40 – 41)
Indefinido von *estar* (§ 82), *ir* (§ 85)
Fertigkeit: Hörverstehen – Schreibfertigkeit

Diktat
Queridos padres:
Pablo y los chicos **llegaron** [1] el domingo a las once de la noche con cara de hambre y muy cansados. Pablo **llevó** [2] el coche a un garaje y se **acostó** [3] enseguida.
Como tengo que preparar primero la comida no podemos ir a la playa hasta las doce. Ayer **volvimos** [4] a las tres. Así que comemos como en España, muy tarde.
Estuvimos [5] en la lonja del pescado y **vimos** [6] descargar la pesca. **Compré** [7] una merluza estupenda y a mejor precio que en el supermercado. ¡Qué buena la que **preparaste** [8] tú el año pasado, mamá!
Anoche **fuimos** [9] a cenar a un bar nuevo que han abierto junto a la lonja. Allí estaban Julita y José Miguel con sus padres. La madre de Julita **preguntó** [10] enseguida por vosotros. No entiendo por qué no habéis venido este año también.
Hasta pronto. Un fuerte abrazo
Concha

Aufgabe 10
Lernziel: Wortschatz (Anreden und Grußformeln im Brief)
Fertigkeit: Schreibfertigkeit

1 Muy señor mío:/ Muy señores míos:/ Muy señores nuestros:
2 Estimada señora Martínez:
3 Querido señor Velasco:
4 Querida Cristina:
5 Querido amigo:
6 Le(s)/La(s) saluda atentamente
7 Un atento saludo de Peter
8 Un cordial saludo de Julia
9 Un (fuerte) abrazo de Luisa
10 (Muchos) besos de Pablo

Kontrolleinheit VI/ Lektion 26 – 30

Aufgabe 1
Lernziel: Wortschatz
Fertigkeit: Leseverstehen

1 b) – 2 a) – 3 c) – 4 a) – 5 c) – 6 b) – 7 a) – 8 c) – 9 b) – 10 c)

Aufgabe 2
Lernziel: Adjektivdeklination (§§ 15 – 16)
Fertigkeit: Leseverstehen

1 precioso (admirable) – 2 caros (corrientes, feos) – 3 aburrido (excéntrico) – 4 simpática – 5 excéntrico – 6 corriente – 7 fea (aburrida) – 8 largo – 9 Horrible (Aburrido, Feo) – 10 admirable (simpática)

Aufgabe 3
Lernziel: Wortschatz (Verkaufsgespräch)
Fertigkeit: Leseverstehen

Richtig: 1 – 7 – 8 – 10
Falsch: 2 – 3 – 4 – 5 – 6 – 9

Aufgabe 4
Lernziel: Wortschatz (Alltagsdialoge: Gesundheit)
Fertigkeit: Leseverstehen – Schreibfertigkeit

1 c) – ¿Qué temperatura tiene usted?
○ No, (no) tengo fiebre.
2 e) – ¿Está usted mejor?
○ No, hoy me encuentro peor.
[a) ○ No, hoy me duele la garganta.]
[b) ○ No, hoy estoy resfriado.]
[c) ○ No, hoy tengo fiebre.]
[h) ○ No, hoy me duele la cabeza.]
3 g) – Andrés, la niña tiene dolor de cabeza.
○ ¿Por qué no toma una aspirina?
4 a) – ¿Quieres un helado?
○ No, me duele mucho la garganta.
5 d) – ¿Por qué le duelen los ojos a Carlitos?
○ Porque mira la televisión horas y horas.
6 b) – ¿Está usted enfermo, señor López?
○ Sí, señor, estoy resfriado.
[a) ○ Sí, señor, me duele la garganta.]
[c) ○ Sí, señor, tengo fiebre.]
[h) ○ Sí, señor, me duele la cabeza.]
7 f) – ¡Mire mi rodilla!
○ Sí, necesita una venda elástica.
8 h) – ¡Qué ruido tan horrible!
○ Es verdad. ¿No te duele la cabeza, Eusebio?
9 j) – Mamá, no sé qué me pasa. Me siento mal.
○ Sí, hija, tienes mala cara.
[b) ○ Sí, hija, estás resfriada.]
[c) ○ Sí, hija, tienes fiebre.]
[g) ○ Sí, hija, toma una aspirina.]
10 i) – ¿Por qué no vas mañana al médico?
○ Porque mañana no tiene consulta.

Aufgabe 5
Lernziel: uno (§ 3)
bueno, malo, grande (§ 18B)
Fertigkeit: Leseverstehen

1 buen – 2 malo – 3 mal – 4 buena – 5 gran/ buen – 6 una – 7 unos – 8 mala – 9 grandes – 10 malo

Aufgabe 6
Lernziel: Demonstrativpronomen *este* (§ 115)
Steigerung der Adjektive (§ 18A, 18D)
Fertigkeit: Leseverstehen – Schreibfertigkeit

1 Este – 2 Estos – 3 Esta – 4 estas

Übersetzung
5 Dieses Jahr ist es sehr kalt in Deutschland gewesen.
6 Diesen/ Nächsten Sonntag machen wir einen Ausflug an den Strand.
7 Heute morgen habe ich deine Kusine Conchita gesehen.

8 muy caro (carísimo) – 9 más moderno – 10 la más barata

Aufgabe 7
Lernziel: Wortschatz
Fertigkeit: Hörverstehen - Leseverstehen

(Cassette 1, Lektion 27, HV-Text: ¿Qué cuenta María López?)

Hörverstehenstext
Me llamo María López. Soy secretaria y trabajo en una oficina en el centro de Bilbao. Vivo con mis dos hijos. No tengo mucho tiempo libre, pero un día a la semana - el lunes - voy a una academia de idiomas. Estudio inglés. Me gusta mucho. Tenemos un profesor estupendo. En mayo voy a ir a Inglaterra con una amiga. Mi madre va a quedarse entonces con los niños.

Richtig: 1 - 3 - 5 - 8 - 10
Falsch: 2 - 4 - 6 - 7 - 9

Aufgabe 8
Lernziel: Wortschatz (Wetter)
Fertigkeit: Leseverstehen

Richtig: 2 - 3 - 6 - 7
Falsch: 1 - 4 - 5 - 8 - 9 - 10

Aufgabe 9
Lernziel: Wortschatz
Perfekt der regelmäßigen und unregelmäßigen Verben
Fertigkeit: Leseverstehen - Schreibfertigkeit

(Cassette 1, Lektion 27, HV-Text: ¿Vas al colegio o a la universidad?)

Diktat
- ¿Estás estudiando?
○ Sí.
- ¿Vas al colegio o a la universidad?
○ A la universidad.
- Eh... Cuando no **vas**[1] a clase, ¿te **quedas**[2] en casa o vas con los amigos?
○ Durante la semana me suelo quedar en casa. Los fines de semana voy con los amigos.
- ¿**Dedicas**[3] mucho tiempo a estudiar?
○ Sí, bastante.
- ¿Qué haces cuando estás fuera de casa?
○ Me gusta ir a tomar cervezas con mis amigos, ir al cine o al teatro.
- ¿**Haces**[4] algún deporte?
○ Sí.
- ¿Los domingos a qué los **dedicas**[5]?
○ Por la mañana me **suelo**[6] levantar más tarde que los demás días. Eh... luego, o **leo**[7] el periódico o me voy a dar un paseo.
- En vacaciones, ¿cuál es tu actividad?
○ Me **encanta**[8] viajar. Intento salir siempre fuera de España.
- ¿Haces algún trabajo con el que conseguirte algún dinero?
○ Sí, ahora mismo doy clases a niños pequeños y estoy haciendo trabajos ayudando a una empresa de jardines.
- ¿**Ayudas**[9] en tu casa?
○ Sí, lo que **puedo**[10].

Aufgabe 10
Lernziel: Wortschatz (Körperteile)
Fertigkeit: Schreibfertigkeit

1 (la) frente - 2 (la) boca - 3 (la) nariz - 4 (el) dedo - 5 (la) mano - 6 (la) pierna - 7 (el) pie - 8 (el) brazo - 9 (el) estómago - 10 (la) garganta

Kontrolleinheit VII/ Lektion 31-35

Aufgabe 1
Lernziel: Wortschatz (Alltagsdialoge)
Fertigkeit: Leseverstehen

1 a) - 2 c) - 3 b) - 4 c) - 5 a) - 6 c) - 7 c) - 8 b) - 9 a) - 10 b)

Aufgabe 2
Lernziel: Wortschatz
Fertigkeit: Leseverstehen

Richtig: 1 - 4 - 6 - 9 - 10
Falsch: 2 - 3 - 5 - 7 - 8

Aufgabe 3
Lernziel: Wortschatz
Fertigkeit: Leseverstehen

1 b) - 2 c) - 3 a) - 4 b) - 5 c) - 6 b) - 7 a) - 8 b) - 9 c) - 10 b)

Aufgabe 4
Lernziel: Imperativ der regelmäßigen Verben auf *-ar*, *-ir* (§§ 50-51)
Imperativ von *decir* (§ 80), *hacer* (§ 84), *sacar* (§ 149C), *tener* (§ 94), *venir* (§ 96)
Fertigkeit: Leseverstehen - Schreibfertigkeit

1 venga - 2 Tenga - 3 hagas - 4 diga (dígame) - 5 Saca - 6 pela - 7 abre - 8 mira - 9 espere - 10 pare

Aufgabe 5
Lernziel: Wortschatz
Satzbau, Wortstellung
Fertigkeit: Leseverstehen - Schreibfertigkeit

1 Don Miguel pierde el control del coche y choca contra un árbol.
2 Don Miguel suelta el cinturón de seguridad y sale del vehículo.
3 No conviene dejar la cartera en la guantera del coche.
4 Ayer decidimos realizar nuestro soñado viaje a Suiza.
5 Arturo y yo llamamos a la agencia y pedimos dos billetes de avión para el domingo.
6 La portera conoce a todos porque lleva quince años en la casa.
7 Como el ascensor es demasiado pequeño los repartidores han tenido que subir el armario por la escalera.
8 Fernando ha ido a la estación a buscar al hermano de Anita. (Anita ha ido...)
9 Después de poner las cosas en su sitio María y Aída se pusieron a preparar la cena. (María y Aída... después de poner las cosas en su sitio.)
10 Todavía quedan en el vestíbulo un montón de cajas sin desempaquetar.

Aufgabe 6
Lernziel: Personalpronomen im Akkusativ (§ 105)
Fertigkeit: Leseverstehen

1 las - 2 la - 3 la - 4 los - 5 los (les) - 6 la - 7 las - 8 lo - 9 las - 10 la

Aufgabe 7
Lernziel: Unbestimmtes Pronomen (§§ 118 - 121)
Otro (§ 7C)
Negation (§ 100)
Fertigkeit: Hörverstehen - Leseverstehen

1 - ¿Me ha llamado alguien?
○ No, señor, **nadie**.
2 - ¿Va alguien para Pinto?
○ No, señora, pero **algunos** viajeros bajan en Valdemoro.
3 - ¿Tiene usted entradas para el domingo?
○ Lo siento, no nos queda **ninguna**.
4 - El color sí me gusta, ¿pero tiene usted uno más grande?
○ No, no tengo **otro** (**ninguno**).
5 - ¿Tienes algo de beber?
○ **Nada**, ni una sola botella.
6 - ¿Conoce usted el Museo del Prado?
○ No, **nunca** he estado en Madrid.
7 - ¿Siempre vais los sábados a la discoteca?
○ No, **algunas** veces vamos al cine.
8 - Señorita Müller, el director ha preguntado por usted esta mañana.
○ ¿**Alguien** (**Nadie**) más?
9 - ¿Tienes mucho trabajo en la oficina?
○ Mucho no, pero no tengo **ningún** día libre.
10 - ¿Vives muy lejos?
○ No, qué va, **alguna** tarde puedes venir a verme.

Aufgabe 8
Lernziel: Komparativ, Superlativ, Vergleich (§§ 18A, 18B, 19)
Fertigkeit: Hörverstehen - Leseverstehen

1 El termómetro del dibujo 2 marca más grados que el termómetro del dibujo 1.
1 a) Sí, en el dibujo 2 hace más calor.
2 Las zapatillas de la izquierda son las más baratas.
2 b) No, las más baratas están a la derecha.
3 «Lo siento, en la fila 13 no quedan entradas. Las mejores que tengo están en la fila 11», dice el taquillero del cine.
3 b) No, en la fila 15 hay mejores, pero más caras, claro.
4 Madrid tiene más de tres millones de habitantes. Caracas tiene más de cuatro millones. ¿Qué ciudad tiene más población?
4 b) Madrid tiene menos habitantes que Caracas.
5 ¿Quién es más baja, Ana o su madre?
5 a) Ana es menos alta que su madre.
6 La sala de estar es la habitación más grande del piso.
6 b) Sí, las demás habitaciones son más pequeñas.
7 La moneda de 100 pesetas es la menor de las tres.
7 a) Sí, la moneda de 100 pts. es la menor de las tres.
8 Hoy es el cumpleaños de Alicia. ¡Ocho años! Jorge es dos años mayor que ella. ¿Quién es más joven?
8 a) Jorge es el menor.
9 Agosto es el peor mes para ir a España. Hay demasiados turistas.
9 a) Sí, es mejor ir en primavera.
10 Dalí es el pintor español más famoso del siglo XX.
10 b) No, Picasso y Miró no son menos famosos.

Aufgabe 9
Lernziel: Wortschatz
Fertigkeit: Schreibfertigkeit - Hörverstehen

Diktat
1 Lo **esencial** en los rebajas no es la calidad, sino el precio.
2 ¿Qué número **calzas** tú?
3 No **conviene** dejar objetos de valor en la guantera del coche.
4 ¿Es obligatorio llevar **cinturón de seguridad**?
5 Conchita **aprovecha** los fines de semana para ver a sus amigos.
6 Los precios **incluyen** alojamiento y media pensión.
7 - ¿Conoces a Marita?
○ No, pero **conozco** a su familia.
8 Yo voy a tomar una merluza. Y vosotros, ¿habéis elegido ya?
9 Es muy tarde... Me **voy** a la cama.
10 Marisa celebró anoche su fiesta de **despedida** porque se va dos años a Venezuela.

Aufgabe 10
Lernziel: Indefinido der regelmäßigen Verben (§§ 40 - 42)
indefinido von *hacer* (§ 43)
Wortschatz
Fertigkeit: Schreibfertigkeit (Aufsatz)

Lösungsvorschlag
Salimos en tren a las diez de la mañana hacia Córdoba. Llegamos a eso de las dos de la tarde. Visitamos el barrio antiguo de la ciudad y naturalmente la mezquita. Almorzamos en un restaurante muy típico. Luego hicimos algunas compras en el centro. Cenamos y salimos para Sevilla. Nos alojamos en una pequeña pensión cerca de la catedral y dormimos hasta las once de la mañana del día siguiente. En Sevilla nos quedamos tres días y después continuamos el viaje en dirección a Granada, donde llegamos muy cansados el domingo por la noche.

Kontrolleinheit VIII/ Lektion 36 - 40

Aufgabe 1
Lernziel: Wortschatz
Fertigkeit: Leseverstehen

1 a) - 2 b) - 3 b) - 4 b) - 5 a) - 6 b) - 7 a) - 8 b) - 9 b) - 10 b)

Aufgabe 2
Lernziel: Wortschatz
Fertigkeit: Leseverstehen

1 e) - 2 c) - 3 f) - 4 a) - 5 d) - 6 g) - 7 b) - 8 h) - 9 j) - 10 i)

Aufgabe 3
Lernziel: Konjunktiv Präsens der regelmäßigen Verben (§§ 66–68)
Konjunktiv Präsens von *hacer* (§ 84), *salir* (§ 92), *tener* (§ 94), *traer* (§ 95), *venir* (§ 96), *volver* (§ 98)
Gebrauch des Konjunktivs (§§ 75–76)
Fertigkeit: Leseverstehen – Schreibfertigkeit

1 haga – 2 lleves – 3 traiga – 4 venga – 5 queráis – 6 estés – 7 tenga – 8 salga – 9 trabaje – 10 vuelva

Aufgabe 4
Lernziel: Imperfekt (§§ 45–48) und Indefinido (§§ 40–44)
Fertigkeit: Leseverstehen – Schreibfertigkeit

1 volví – 2 tenía – 3 se llamaba – 4 estuvieron – 5 decidieron – 6 sabían – 7 eran – 8 pasaron – 9 dijeron – 10 hablaba

Aufgabe 5
Lernziel: Dativ und Akkusativ des Personalpronomens (§ 111)
Alguno – ninguno (§ 120)
Demonstrativpronomen (§§ 115–117)
Fertigkeit: Leseverstehen

1 te las – 2 me la – 3 se lo – 4 se los

5 alguno – 6 ningún – 7 alguna

8 esta – 9 ese – 10 aquellos

Aufgabe 6
Lernziel: Perfekt, Imperfekt, Indefinido, Gerundium
Fertigkeit: Leseverstehen

1 b) – 2 c) – 3 a) – 4 c) – 5 a) – 6 c) – 7 a) – 8 b) – 9 c) – 10 b)

Aufgabe 7
Lernziel: Wortschatz (Alltagsdialoge)
Fertigkeit: Hörverstehen – Leseverstehen

1 – ¿Hace usted la compra todos los días en el supermercado?
1 b) ○ Sí, los productos son mejores y más frescos.
2 – ¿Desde cuándo vende usted fruta en el supermercado?
2 b) ○ Hace ocho años que tengo aquí mi puesto.
3 – ¿No fuiste al dentista?
3 a) ○ No, no tuve tiempo.
4 – ¿Qué hacías los domingos cuando eras pequeño?
4 a) ○ Iba siempre a pescar con mi padre.
5 – ¿Cuándo necesitas los discos?
5 b) ○ Cuando vuelva de Barcelona.
6 – ¿Vas directamente a la oficina?
6 b) ○ No, primero quiero ir a Correos.
7 – ¿Por qué habéis vendido el coche?
7 a) ○ Porque Pablo quiere que compremos uno nuevo.
8 – ¿Los domingos también os levantáis tan temprano?
8 b) ○ No, sólo cuando hacemos alguna excursión.
9 – Tu prima Milagros es la hija de tu tío Enrique, ¿verdad?
9 a) ○ Sí, claro, la menor de las tres.
10 – Oye, Merche, ¿me preparas un bocadillo de jamón para mañana?
10 a) ○ Ahora no puedo. Mañana to lo preparo.

Aufgabe 8
Lernziel: Wortschatz (Brief)
Fertigkeit: Hörverstehen – Leseverstehen

Querido Javier:
Siento muchísimo no poder estar con vosotros el día de vuestra boda. Lamentablemente tengo que salir de viaje para Buenos Aires el sábado que viene.
Ya sabes que desde que llegó el nuevo director las cosas no me van muy bien. Por eso no le quiero pedir ahora ningún favor. Creo que el nuevo jefe está cometiendo muchos errores porque no comprende la mentalidad de aquella gente ni su forma de trabajar. Parece que en la Oficina Central están bastante indignados.
Como yo estuve viviendo allí tantos años, conozco mejor que nadie la mayoría de los problemas. Y, como desde aquí no es fácil encontrar soluciones, quieren que las busque yo personalmente en Buenos Aires.
La verdad es que no me hace ninguna gracia tener que volver de nuevo. Ya sabes que estuve allí hace sólo un mes. Precisamente os compré en Argentina un pequeño regalo de bodas. Os lo mandé ayer y espero que no se rompa por el camino.
Os deseo toda clase de felicidades.
Un afectuoso saludo a tu novia – bueno, a tu mujer – y para ti un fuerte abrazo de tu amigo
Dieter

Richtig: 1 – 5 – 7 – 8
Falsch: 2 – 3 – 4 – 6 – 9 – 10

Aufgabe 9
Lernziel: Wortschatz
Fertigkeit: Schreibfertigkeit – Hörverstehen

Diktat
Hoy ha estado en clase de Ciencias **Sociales** [1] Raúl, el amigo peruano de Monika. Aquí en Alemania no parece **extranjero** [2], porque es rubio y alto. Nos habló primero de su familia, de su madre alemana y de su padre **indio** [3] que trabaja como maestro en un poblado **indígena** [4] cerca de **Cuzco** [5]. Nos **chocó** [6] mucho, por ejemplo, **lo que** [7] nos contó sobre «Sendero Luminoso», nombre de un grupo **guerrillero** [8] terrorista. Y sobre la pobreza, el analfabetismo y otros muchos problemas. Sí, realmente conocemos los **aspectos** [9] turísticos del Perú, pero no la otra **cara** [10] de la moneda.

Aufgabe 10
Lernziel: Wortschatz
Fertigkeit: Schreibfertigkeit

Übersetzung
1 Está prohibido dar de comer a los animales.
2 Ayer (le) prometí a mi madre cortarme el pelo.
3 Burgos es más grande de lo que yo creía.
4 Y tu padre..., ¿sigue en la misma carpintería?
5 Buenos días. Hemos visto en el escaparate un libro sobre Perú. ¿Nos lo enseña, por favor?
6 Hoy mismo voy a llamarla (la voy a llamar). La semana pasada no pude hablar con ella.
7 Le debo a Maribel 4.000 pesetas. ¿Se las das cuando la veas mañana (si la ves mañana)?
8 Hola, Julia, ¿estás en casa de nuevo (otra vez)? Me alegro de que estés mejor.
9 Cuando vimos las fotos de Colombia se inició (comenzó) una discusión muy animada.
10 Hay que tener mucho cuidado con las generalizaciones.